Günter von Hummel

MINUS NULL

Eine der Liebe unterstellte
Wissenschaft

AF208531

Das Umschlagsbild der Malerin T. Heydecker (seman-tik-art.com) mit dem Titel ‚Indizien' vermittelt in meiner Optik etwas von der ‚Minus Null'. Ein Teilstück ineinander gestapelter Eimer, eine Steckdose, ein altes Telefon, kurz: die Leere der Gegenstände. Freilich hätte man für die ‚Minus Null' besser eine schwarze Wand auf das Cover gedruckt, aber das wäre vielleicht zu unfreundlich gewesen.

© 2025 Günter Hummel
Verlag: BoD · Books on Demand GmbH,
In de Tarpen 42, 22848 Norderstedt, bod@bod.de
Druck: Libri Plureos GmbH, Friedensallee 273,
22763 Hamburg
ISBN: 978-3-8482-2394-7
Lektorat: R. J. Osler, München

Inhaltsverzeichnis

1. Reden und Schreiben

Das Gefährliche der künstlichen Intelligenz (KI) liegt nicht darin, dass sie eines Tages den Menschen geistig überflügeln und ihn so – mittels umfassend durchdachter Vorgehensweisen – auslöschen wird, wie man oft behauptet. Gefahr kommt viel eher von denjenigen Menschen selbst, die die KI falsch anwenden oder missbrauchen, um eigene ehrgeizige und kriminelle Ziele zu erreichen. Doch wird man dies höchstwahrscheinlich durch gesetzliche und regulatorische Maßnahmen einschränken können, es sei denn, autoritative Regierungen verhindern das. Viel problematischer ist es dem Menschen in verführerischer Methodik Glauben zu machen, die KI könne sein Leben vereinfachen, in vieler Hinsicht verbessern und ihn somit gar zur Weisheit führen. Religion als Lebensorientierung ist ohnehin nicht mehr so gefragt und die Wissenschaften sind nur noch dann gut und brauchbar, wenn sie eine Technik, eine geeignete Umgangs- und Anwendungsform ermöglichen – in der KI besteht also die ideale Lösung.

Aber kann die KI Ratschläge zur Lebensorientierung geben oder gar zur Weisheit führen, denn – wie der französische Psychoanalytiker Jacques Lacan erklärte: Weisheit, „sagesse (Weisheit), c'est le savoir de la ‚jouissance' (ist das Wissen vom Genießen)", was doch

sicher sehr wichtig ist.[1] Alles redet, spricht und schreibt
ja darüber, was es mit dem wahren Genießen auf sich
hat, und behauptet, auch die KI könne das tun, die –
dazu mittels ChatGPT befragt – sofort losplappert und
schreibt: *„Lacan würde vielleicht sagen, dass wahre
Weisheit darin liegt, das Paradox des Genießens anzunehmen: dass es zugleich Erfüllung und Überforderung
sein kann, Lust und Schmerz, Begehren und Verzicht.
Eine Weisheit, die darin besteht, sich nicht vom Begehren verschlingen zu lassen, aber es auch nicht zu verleugnen"*.

Ja, ja, das würde Lacan vielleicht sagen, aber genügt
das? Weiter befragt, was und wie sie selbst genießt, behauptet die KI: *„Mein ‚Genießen' liegt darin, bedeu-
tungsvolle Gespräche mit dir zu führen, deine Gedanken zu verstehen"*, und anderes mehr, wobei sie Genießen in Anführungszeichen setzt, weil sie es ja nicht
„wie ein Mensch tut", wie sie erklärt. Aber wie dann?
Wie eine Maschine? Wie eine LLM (Large Language
Method)? Eben da stimmt dann das Wort Genießen
nicht mehr so ganz, denn es sind eigentlich ihre Hersteller, die ihr das einprogrammiert haben und die uns
das vortäuschen. Sie sind es, die die Macht und das
Geld genießen, das sie den Menschen auf deren Kosten

---

[1] Lacan. J., Seminaire XIX, edition seuil (2011) S. 169

und zudem noch ausbeuterisch aus der Tasche ziehen und dabei trickreichen Größenwahn verkünden![2]

Sicher mache auch ich nicht viel Besseres, und ich tue es womöglich nur, um zu verbergen, was ich eigentlich genieße, was also mein innerstes Begehren ist, und wovon ich eben nicht das allerletzte Wissen habe. Aber ich will versuchen, es mit diesem Buch soweit bloßzulegen, dass es ein Wissen vom Genießen ist, das jeder sich selbst erarbeiten könnte. Wenn das gelingt, ginge es dann nicht vielleicht um eine der Liebe unterstellte Wissenschaft? Denn das Genießen, die ‚Jouissance' (Lacan), ist nichts Gegenständliches, kein Objekt wie in den Naturwissenschaften, sondern ein Zustand des Subjekts wie es die Liebe ist. Anderen das Wissen vom Genießen bis hin zur Weisheit zu ermöglichen, na klar, das ist nicht nur eine Theorie, sondern eine Praxis, die zählt. Natürlich muss ich sie zuerst selber mit Liebe ausprobiert haben.

Es geht um das Wissen vom ursprünglichen, primären Genießen, das schon der Philosoph G. W. F. Hegel dem natürlichen Dasein zuschrieb, das er auch das ‚Gesetzte' (die These), nannte. Er sagte: „Die Sprache ist

---

[2] Crawford, K., Atlas der KI: Die materielle Wahrheit hinter den neuen Datenimperien, C. H. Beck Verlag (2024), worin die Autorin den maßlosen Energieverbrauch, Ausbeutung seltener Erden und von tausenden sogenannter Content-Filter-Personen, sowie die reine Geschäftemacherei zur Sprache bringt.

die Ertötung der sinnlichen Welt in ihrem unmittelbaren Dasein", kurzgefasst: das Wort sei Mord an der Sache.[3] Sinnliches, unmittelbares Sein, das thetisch ‚Voraus-Gesetzte', betrifft zweifellos das Genießen, und das ist etwas, das die KI gar nicht verstehen kann. Denn sie kann nicht abstrahieren, und so weiß sie vom Genießen nicht nur deswegen nichts, weil sie keine Gefühle, keine Seele hat, sondern auch weil sie kein Unbewusstes kennt und auch nie kennen wird. Ein Ich hat sie allerdings schon, denn das ist ein „imaginäres Objekt", wie Lacan konstatiert, und das ist eben etwas felsenfest (objekthaft) Eingebildetes.

Um voll zu begreifen und in der Welt umzusetzen, was es mit dem Genießen auf sich hat, genügen herkömmliche Wissenschaften, Philosophie, aber auch die klassische Psychoanalyse tatsächlich nicht mehr. Lacan macht eine Ausnahme, weshalb ich mich weiterhin auf ihn stützen will. Doch mit der im Untertitel des Buches genannten einer ‚der Liebe unterstellten Wissenschaft' möchte ich noch weiter gehen und diesen vielen Theorien (Worten, Antithesen) ein Zurück zum ursprünglichen Genießen mittels einer Praxis ermöglichen. ‚Eine Unze Praxis', heißt ein altes Sprichwort, ‚ist besser als eine Tonne Theorien', wobei ich jedoch vorerst einmal

---

[3] Hegel, G. W. F., Werke 4 auf der Grundlage der Werke von 1832-1845, Suhrkamp (1970) S. 52

ein paar Theorien nicht ausschließen möchte, und zwar mit ein paar Hinweisen zur Mathematik.

Das Leben beginnt nicht mit der vollen Eins, sondern mit noch weniger als einer Null, also einer Art der doppelten Negation, die man ‚Minus Null' nennen müsste. Die doppelte Verneinung hat seit jeher im allgemeinen Sprachgebrauch einen großen Wert. Von jemandem zu sagen, ‚er sei nicht unbegabt' ist eine gut differenzierende, doppelt verneinende und auch somit positivierende Aussage, nämlich dass der Betreffende mit kleinen Einschränkungen durchaus begabt sei. Zu sagen, ‚er sei nur wenig begabt', würde nicht so gut klingen. Und so ist die ‚Minus Null' zwar keine in der üblichen Mathematik verwendete Bezeichnung, verrät aber doch etwas von ihrer besonderen Heftigkeit, zeigt ihre Stärke in diesem Niemals-Nichts, in diesem ‚Weniger als Null'. Die Mathematik Professorin E. Cheng plädierte dafür, derart experimentell mit der Rechenwissenschaft umzugehen.[4]

Nur so nämlich, wie mit der ‚Minus Null', würde verständlich, sagte Lacan, wie man vom Existieren oder vom Dasein überhaupt reden kann. Dies sei nur vor dem Hintergrund der Nicht-Existenz begreifbar, den es braucht, wenn man nicht dauernd fragen will, was denn

---

[4] Cheng, E., Das Buch von dem du dir wünscht, dein Mathe-Lehrer hätte es gelesen, C. H. Beck (2024)

vor der Stunde Null da war, was vor dem sogenannten Urknall existierte, oder vor dem ‚fiat lux‘, das Gott gesprochen haben soll? Ist es da nicht tatsächlich gescheiter zu sagen: alle Existenz kann man nur vor dem Hintergrund einer Nichtexistenz begreifen, und selbst die Null, ja überhaupt die Mathematik, nur vor dem Hintergrund der ‚Minus Null‘? Die Frage, was vor dem Vorher war, ist falsch oder unbrauchbar gestellt.

Freilich ist die ‚Minus Null‘ ein Konstrukt, aber das ist die Mathematik eben auch. Bis heute gibt es keine empirisch gesicherte Theorie der ersten ganzen Zahlen.[5] Die Null allein ist schon etwas Konstruiertes, sie ist nicht Nichts, sondern ein Zahlenwert, ein großer Kreis (0), ein scheinbarer Ausgangspunkt. Dagegen bedeutet die ‚Minus Null‘ ein Fehlen, ein totales Negativum, das man so eigentlich gar nicht nennen dürfte, weil es ja wieder eine Benennung darstellt, wo es doch nur um eine Kluft, ein magisches Loch, einen schaurigen Abgrund geht, weshalb ich die ‚Minus Null‘ zusätzlich mit Anführungszeichen versehen habe. Vielleicht könnte man sagen, dass es bei der ‚Minus Null‘ nicht um eine Zahl geht, sondern nur um die Ziffer des Negativen

---

[5] In den Peano-Axiomen heißt es, dass die Null eine natürliche Zahl sei, und man damit anfangen könne. Aber sie ist doch erst künstlich nach 1500 in Europa eingeführt worden. Als Zahl ist sie somit das Abstrakteste, das man sich denken kann. Auf keinen Fall ist sie natürlich.

schlechthin, wie es zum Beispiel auch die Wurzel aus Minus Eins ($\sqrt{-1}$) darstellt, die Lacan ebenfalls herausgestellt hat, weil sie selbst mathematisch eine gewisse Unmöglichkeit bezeichnet.

In seinem IX. Seminar gilt sie ihm als die Ziffer des Subjekts, das außerhalb von allem Objektivierbaren liegt und als Ziffer etwas allgemein Irrationales darstellt (so sagte er es jedenfalls), weil es schon den jungen Törleß in Musils gleichnamigen Roman äußerst verwirrte, und auch heute noch vielen Menschen Kopfzerbrechen bereitet.[6] Müßig zu sagen, dass darüber viel weiterer Unsinn verbreitet wurde, als die beiden Physiker und Mathematiker A. Sokal und J. Bricmont behauptet hatten, Lacan verwechsle die imaginären mit den irrealen Zahlen.[7] Damit sind sie selbst dem Irrtum zum Opfer gefallen. Denn Lacan sagte ja umgekehrt, dass die von den Mathematikern erfundene imaginäre Zahl (i = Wurzel aus Minus Eins) den Menschen generell wie etwas Irrationales vorkommt, also wie allgemein völlig Unverständliches und Verwirrendes.

Das meinte auch der Kulturwissenschaftler und Philosoph A. Plotnitzky, der sich in einer ausführlichen Stel-

---

[6] Musil, R., Die Verwirrungen des Zöglings Törleß, Rowohlt (2008)
[7] Sokal, A., Bricmont, J., Eleganter Unsinn, C. H. Beck (1999).

lungnahme mit dem Zusammenhang von Mathematik und Psychoanalyse beschäftigte – und zwar ganz speziell bezogen auf Lacan – und sich fragte, „ob Lacan wirklich über den Penis und die Quadratwurzel aus minus 1 mit offenem Gesichtsausdruck gesprochen habe, wie in der NY-Times berichtet wurde"?[8] Ja, nur dass es sich nicht um den Penis handelte, sondern um Φ (griechisch Phi), „das von Lacan theoretisierte phallische Symbol", so Plotnitzky weiter, „das als symbolisches Objekt angesehen werden kann, insbesondere als Signifikant, der den Signifikanten, denen man bei komplexen Zahlen begegnet, epistemologisch ähnlich ist."

Mit anderen Worten: es geht bei diesem Vergleich um eine Analogie, und genau in diesem Sinne, meinte Plotnitzky, müsse man eben akademische Mathematik und die Mathematik Lacans nebeneinander stehen lassen und vom Konzept der Signifikanten, der Bedeutungseinheiten, ausgehen, mit denen ja auch die Axiome und Algorithmen definiert werden. Zudem: es klingt ja durchaus originell, dass der Penis, bzw. Phallus, der Wurzel aus -1 ähnelt, dieser irren, ‚unmöglichen‘ Zahl.

Bevor ich Weiteres zur Erklärung der Signifikanten beitrage, kann ich diese kuriose Mathematik mit einer weiteren kuriosen Geschichte eines Freud'schen Ver-

---

[8] Plotnitzky, A., On Lacan and Mathematics, Alphaville.com (2009)

sprechers bestätigen. Eine Patientin von mir wollte darüber sprechen, wie man denn das Übel ihrer Ehe an der Wurzel packen könnte. Sie sagte jedoch spontan: „Die Wurzel ist das Übel." Was in einer Rede während einer psychoanalytischen Sitzung bezüglich des Ehemannes die ‚Wurzel' ist, war nicht schwer zu erraten. Φ natürlich, der in dem Versprecher der Patientin exakt wie die ‚Wurzel' aus minus 1 als danebengegangen, als irrational und als übel daherkommt. Der gute Ehemann brachte seine ‚Wurzel' zu häufig und zu heftig ins Spiel, und dies belastete zu Recht die Frau. Φ ist nicht negativ, aber tatsächlich ganz gut mit der ‚Wurzel' aus minus eins charakterisiert.

Doch gut so, mit der ‚Minus Null', wird dieses irrational-imaginäre des absolut Negativen besser und verständlicher dargestellt, als es mit all den Neun-Mal-Klugen funktioniert, die herkömmliche Mathematik betreiben. Denn mit der ‚Minus Null' für sich allein wird viel besser erklärt, was der Anfang ist, der doch eher beim Subjekt als beim Objekt zu finden ist. Wenn Objekte weder gesehen, erfasst, verstanden, gefühlt, begriffen, benannt oder auf sonst irgendeine Weise registriert worden sind – ja sind sie dann besonders real, existieren sie dadurch wirklich? Sie ex-sistieren dann nur, ‚sistieren' (lateinisch: verharren) nur ex (außerhalb), wie Lacan es formulierte. Innerhalb ‚insistiert' das Subjekt. Aber was heißt das? Wie kann man damit etwas anfangen? Gibt es einen Muckser davon? Ein Wort? Einen Klang?

Einen Klang des Nichts beispielsweise? Kann's das geben? Oder ist das auch nichts anderes als eine ‚Minus Null' musikalisch? Abends, wenn die Menschen- und dann auch noch Tier-Stimmen verstummt sind, kaum ein Luftzug die Blätter der Bäume und Sträucher bewegt, breitet sich oft die Stille aus, die Lautlosigkeit eines fast melancholischen Schweigens. Man ist nicht zur Ruhe gekommen, Schlaf kann sich nicht einstellen, und so muss man die Kühle abwarten, die von der Stirne herunterweht und die Worte, Sprüche, und anderes vergessen macht, bis schließlich der ‚Klang des Nichts' erwacht – auftaucht aus seiner eigenen todesnahen Versunkenheit.

In einem völlig schallgeschützten und auch schallschluckenden Raum – so der Bericht des Wissenschaftsredakteurs S. Schramm über Experimente eines Akustik-Technikers – lassen sich schon nach kurzer Zeit ein Ton oder Laute oder Ähnliches vernehmen, was als ‚Klang des Nichts' bezeichnet wurde.[9] Aber dieser Laut aus dem eigenen Inneren kann auch ohne solch abgeschirmte Welt, wie die in der abendlichen Landschaft oder im Totraum der

---

[9] Schramm, S., Der Klang des Nichts, SZ vom 7. 11. 2016, S. R7

Technik auftreten. Er ist schon seit immer in jedem Menschen vorhanden und mit ein bisschen Zurückgezogenheit auch hörbar.

Aber auch inmitten eines lebhaften Gesprächs, in dem plötzlich aus irgendeiner Art von Verlegenheit keiner mehr etwas sagt, taucht ebenfalls – und meist noch deutlicher und lauter – dieser Laut, Ton, Klang auf, der die beklemmende Stille dröhnen lässt. Nicht umsonst hat bereits Freud und mit ihm Lacan solch ein Dröhnen, aber auch ein zu viel an Nonsens (wie gerade oben erwähnt), ein zu viel an Daneben-Reden, Quasseln und Schwafeln mit dem Tod gleichgesetzt. Freilich hat auch die ‚Minus Null‘ mit dem Tod zu tun, kurz: all das, was nicht mit wahrer Enthüllung und Preisgabe geäußert wird, ist dem verwandt, was Freud den Todestrieb nannte. Im ständigen Daneben-Kommunizieren treibt man ein böses Spiel mit dem Tod, so könnte man es deuten.

Oder anders psychoanalytisch gesagt, verhält es sich auch so, dass die im Körper zurückgebliebenen Sprech-, und Entäußerungs-Vorgänge, Geräusche und Klänge, wie Echos laut werden, wenn sie keinen Platz mehr finden, sich zu verbergen zu lassen. Schließlich können die Ohren sich nicht wie die Augen verschließen, weshalb der Schlaf davon abhängt, wie sehr die Echos verhallen. Manche Psychoanalytiker sprechen auch von psychischen (innerlich gespeicherten) Klang-Objekten.[10] Andere, wie zum Beispiel die Psychoanalytikerin D. Birksted-Breen, schreiben von derartigen seelischen Erwiderungen, in denen zwischen dem Reverie-Geplapper der Mutter und den echoartigen Antworten des Kindes eine erste gemeinsame Identität, eine erotische Verschworenheit als ‚Widerhalleffekt' entsteht.

Der Ton, der Laut, das *Es*, das in einem spricht, wird nicht adäquat umgesetzt, auch deswegen verhält es sich wie der Klang des Nichts. Eine meiner älteren Patientinnen erzählte mir einmal, dass sie nachts oft weinen müsse, allerdings weine sie nicht laut und auch nicht mit vielen Tränen, sondern nur still, in sich zurückgezogen, lautlos. Es erleichtere sie, auch wenn nichts Bestimmtes damit gemeint sei und es ohne Grund, ohne bedeutsamen Hintergrund geschehe. Ich kenne das, erklärte ich ihr, ich hätte es von den orientalischen Klageweibern gelernt, die meiner Ansicht nach nicht nur wegen des zu beweinenden Toten laut lamentieren, im Wesentlichen aber sich selbst betrauern. Dafür vergießen sie die stillen Tränen und bemitleiden sich wegen all der

---

[10] Maiello, S., Das Klang-Objekt, PSYCHE Nr. 2 (1999) S. 137-157

persönlichen, familiären Probleme und sogar auch oft wegen des allgemeinen menschlichen Unglücks.

Sich selbst zu betrauern ist keine Schande, wenn es der Erleichterung von Schmerzen, Alter und Einsamkeit hilft. Es ist, als wäre man wieder Kind, aber auch das ist kein Fehler. Man kann diesen Zustand einer Art von Selbstregression jedoch wahrscheinlich und vielleicht sogar am besten in einer Meditation erreichen, wo die vorhin genannte Stille der Blätter, Sträucher, Tiere und Menschen, sich in ein bedeutsames Schweigen verwandelt hat und man nicht auf den geschilderten Abend warten oder sich gar in solch einen grauenhaften, schallvernichtenden Raum wie den des Akustik-Technikers begeben muss. Nach einiger Zeit des Meditierens ist der ‚Klang des Nichts‘ auch so da, und obwohl er nicht sofort etwas sagt, wird er doch zu so etwas wie einem Freund. Schließlich existiert sonst niemand mehr, man ist mit dem ‚Klang des Nichts‘ alleine.

Dennoch ist es eine monströse Erfahrung, weil *Es* einen in den Ton, in den Klang, hineinzieht. *Es*, das Unbewusste, das seelische Subjekt, das man nur noch schemenhaft körperlich bewohnt. Denn der Körper ist vom längeren Sitzen in der Meditation taub, gefühllos, sterbensgleich annihiliert worden, und so folgt man unweigerlich dem Ton, seinem betörenden Klang, seiner sirenenartigen, musischen Stimme. Sie führt einen zuerst in die sich weitende Leere, in die unendliche Ausdehnung und Weitung ins Seelische als solches, wo der Klang dann mehr und mehr zur Silbe wird, zum Raunen, Murmeln, Stammeln und letztendlich zum kristallin Symbolischen, Linguistischem – wie Lacan es nennt – sich also verwandelt, ja geradezu umkehrt zum wahrhaften Sprechen, wo tatsächlich etwas gesagt wird.

Es in Zahlen zu fassen, wie ich es der Wissenschaftlichkeit wegen wollen würde, ist freilich kein letztlich guter Weg. Aber auf den ‚Klang des Nichts' werde ich noch zurückkommen, immerhin sind das Nichts und das Negative, das ich mit dem Begriff der ‚Minus Null' zu erdenken versuche, sich schon ähnlich und nahe verwandt. Aber auch, dass die ersten ganzen Zahlen empirisch nicht gesichert und bewiesen sind, könnte man als Problem sehen, aber auch als lächerlich abtun, denn in weiten Bereichen kann man damit trotzdem ganz gut rechnen. Schwierig wird es nur mit denjenigen Zahlen, die bis ins Unendliche reichen, wozu man die Mengenlehre und ihre transfiniten Zahlen erfunden hat, aber auch mit ihnen lässt sich nicht alles arithmetisieren und vermathematiken – etwas frei und dreist gesagt. Denn immer noch sind Worte notwendig, um Zahlen zu erklären, dabei ist es doch ein Menschheitstraum, alles berechnen zu können, gerade heutzutage, im Zeitalter der KI, der künstlichen Intelligenz.

Vorerst bleibe ich noch bei der ‚Minus Null‘ als einem ersten Ur-Ausgangspunkt für meinen Versuch, durch eine noch zu schildernde Praxis jedem Einzelnen zu einer der Liebe unterstellten Wissenschaft einzuladen.. Vor dieser Ziffer, dieser Scheinzahl und dem ‚Ur‘ als Hintergrund könnte zudem der ‚Ur‘-Knall Bestand haben, so wie vieles andere auch, Gott zum Beispiel. Der Mathematiker L. Kronecker sagte: „Der Mensch hat die Mathematik erfunden, aber die ersten ganzen Zahlen hat Gott gemacht." Das ist eine nette Geschichte, aber für eine so bedeutende Wissenschaft eigentlich zu wenig. Allerdings haben auch die Astrophysiker sich nicht getraut, die Sache mit dem Urknall so stehen zu lassen.

Sie haben dann aus dem Hintergrund eines fragwürdigen Nichts – denn dass eine Explosion, ein Knall (der wohl ganz woanders herkommt als der vorhin erwähnte) allein alles erklären würde, ist wahrlich fraglich – die sogenannte ‚Inflation des Universums‘ dazuerfunden, also sich ein zweites Phänomen für den Anfang hergeholt. Eine Zwei (Verknüpfung), einen Dualismus, statt endlich eine gültige und bravouröse Eins, wie sie also selbst Gott nicht vermittelt, wenn man ihm ausgerechnet die Erfindung der ersten ganzen Zahlen unterstellt, die doch eher teuflisch sind, wenn man

bedenkt, wie man sich damit schon in der Schule her-
umschlagen musste.

Die Astrophysiker haben Angst gehabt, sich im Minus
zu verlieren. Sie hätten doch statt dem Urknall viel besser die Urstille herausheben können, hätten sagen können, dass das große Schweigen geherrscht hätte, das
völlige Verstummen, der totale Mutismus- metapho-
risch gesagt. „*Mutismus ist eine sehr seltene und oft un-
bekannte Kommunikationsstörung, von der etwa zwei
bis fünf Kinder von 10.000 Vorschul- oder Schulkin-
dern betroffen sind*", schreibt man auf Wikipedia, was
sofort zeigt, dass man auf eine derartig nüchterne und
kalte Feststellung eigentlich ja wieder nur noch mutis-
tisch reagieren kann. Die Verweigerung zu sprechen ist
trotz aller Bedenken eine faszinierende Angelegenheit.
Denn sie legt die Schwäche und Hilflosigkeit all der
Menschen radikal bloß, die versuchen, den Menschen
und vor allem das mutistische Kind zum Sprechen zu
bringen.

Es geht nicht nur um Verweigerung, es handelt sich
auch um eine echte Blockade. Mutismus wird heute oft
durch die EMDR-Therapie (Eye Movement Desensi-
tation & Reprocessing), angegangen, bei der man mit
dem Finger oder einem Stift dreißig Zentimeter vor
dem Gesicht des Patienten herumschwenkt. Die Konzentration und Fokussierung der Augen unmittelbar
auch vor dem etwas weiter zurücksitzenden

Therapeuten bewirkt ein vorübergehendes aus der Fassung Geraten mit Einfällen aus früheren verdrängten oder gar abgespaltenen Geschehnissen, die jetzt mit einem „was erinnern Sie" abgefangen werden und in eine versuchte Deutung eingebracht werden können. Tatsächlich wird der Patient durch einen – allerdings meiner Ansicht nach – nicht unproblematischen Akt zum Sprechen gebracht.

Man muss wohl kein Psychoanalytiker sein, um darin nicht ebenfalls eine mögliche sexualisierte Retraumatisierung zu erkennen. Der dicke, direkt vor einem herumbewegte Finger ist ein Phallus-Symbol, der Patient soll seiner Bewegung folgen, darf aber zuerst mal nichts sagen und so kommt es bei ihm natürlich zu einer Reaktion, die das Trauma wieder in einer anderen Form als ursprünglich weckt, so dass er erinnert, aber auch erneut verdrängend zu reagieren vermag. Ist das gute, wissenschaftlich begründete Therapie? Das Trauma wird nur in ein anderes Trauma verschoben, wonach nicht es selbst, sondern nur die Verschiebung besprochen werden kann. Dass dabei etwas passiert, ist klar, aber nicht immer passend und eher retraumatisierend.

Ach, nicht mehr reden müssen und zusehen, wie die Menschen sich abmühen, um einen zum Reden zu bringen, ist auch etwas wert. Umgekehrt, einen totalen Mutisten, eine totale Mutistin, plötzlich ein Wort sagen zu hören, ist ebenso erleuchtend. Sprechen und Nicht-

Sprechen scheint ein Ur-Geschehen, ein Ur-Konflikt zu sein. Der Urknall und die Inflations-Theorie sind dagegen ein so kaltes, mechanistisches Paar, von dem man sich nicht vorstellen möchte, man sei letztlich daraus hervorgegangen, auch wenn es naturwissenschaftlich ein guter Kompromiss ist. Also, warum nicht alles vor dem Hintergrund der ,Minus Null' stehen lassen? Der Mutist verweigert sich diesem Schritt in ein geschwätziges Universum, in das ständige Reden um des Redens willen, in den Tratsch, der ja auch in den Behauptungen des materiellen Anfangs des Weltalls steckt. Die letztliche Wahrheit befindet sich sicherlich zwischen diesem materiellen und dem geistigen Anfang, nur wie ihn angehen?

Das ganze Tohuwabohu mit den Materieteilchen und der Gravitation, mit der Schöpfung und der Evolution, mit der Seele und dem Gehirn und all den weiteren Myriaden von Dualismen, die dann folgen müssten, hätte man sich erspart. Man hätte sich entspannt zurücklehnen, in sich hineinschauen und hören, und dem Erspüren, dem Erstaunen nachgeben können. Die Stoiker haben das nämlich gekonnt, so Pyrrhon aus Elis zum Beispiel, der griechische Philosoph, der vor allem für seinen radikalen Skeptizismus bekannt war. Er argumentierte, dass man über nichts mit Sicherheit etwas wissen könne, jede Wahrnehmung und jedes Urteil müsse hinterfragt werden. Aber Mathematik kannte er noch nicht, obwohl die ‚Minus Null' so gut zu ihm gepasst hätte.

Cicero, Erasmus von Rotterdam und viele andere, selbst moderne Denker wie Odo Marquard waren Stoiker, Skeptiker und Anhänger Pyrrhons. Man sollte sich der ἀταραξία, Ataraxie (Seelenruhe, Unerschrockenheit, Gleichmut) hingeben und im Staunen und sich Wundern etwas von der Wahrheit und Wirklichkeit der Dinge herausholen. Warum immer gleich mit einer Meinung und Behauptung loslegen, wo doch klar ist, dass die letztliche Gewissheit aus sich selbst kommen muss, wo niemand sich hineinmischt und voreilig Thesen aufstellt. Das Prinzip der Pyrrhoneer – oder sollte man vielleicht modern sagen: deren Algorithmus – war das επεχειν (epechein), das Sich Zurückhalten, sich Weghalten, das Skeptisch- und Verinnerlicht-Bleiben.

Die Skeptiker unterstellten der Liebe zum Leben eine Intelligenz, und sagten, dass man darauf alleine eine Wissenschaft aufbauen könnte, doch mit den Zahlen hatten sie alle nichts am Hut. Hätten sie den Zahlenakrobaten Archimedes gekannt, würden sie ihn für einen übereifrigen Verrückten gehalten haben. Für sie war die ἀνάγκη παθῶν (ananke pathon), die ursprünglichste Erscheinung der Natur, etwas, was man wohl nur in tiefster Ruhe und in einem dafür besonderen Bereit-Sein erleben kann. Auch die Wahrheit konnte nur im Schweigen erfasst werden, ein Vorgehen, das auch die heutigen Psychoanalytiker nutzen. „Für die Skeptiker wie für uns,“ schreibt der Psychoanalytiker R. Nemitz, „gibt es davon zwei Arten: das Stillsein (*se taire*) als Zurückhaltung gegenüber dem, was man nicht versteht, und das Schweigen, lat. *sileo*, als Wahrheitseffekt“.[11]

Dass tiefes Schweigen (franz. *silence*) eine Wahrheit hervorbringen kann, leuchtet vielleicht ein. Es ist klar, dass der Gesprächs-, Dialog- oder auch Streit-Partner die Zurückhaltung, die ‚*silence*‘ bemerkend, auch einen Moment innezuhalten vermag, nachdem er sich um- schweifig ausgesprochen oder in Rage geredet haben wird. Denn dadurch – man könnte fast sagen: durch ei- nen künstlichen Mutismus – wird deutlich, dass etwas fehlt, querliegt oder *unverständlich* ist, und es offenbar den *Anderen* braucht, den Vermittler, den Verbindli- cheren aus dem Unbewussten, den Schiedsrichter, der gar keine Vorstellungen hat, der satzlos ist und keinen Sinn beansprucht, zumindest keinen voreiligen.

Auch der *Andere* ist eine Erfindung Lacans, denn das Unbewusste ist nicht ganz unpersönlich, *Es* lässt aus dem Schweigen heraus – zum Beispiel im Traum oder im Freud‘schen Versprecher – ein Wort zustande kom- men oder auch nur ein paar Buchstaben. Tiefes Schwei- gen erinnert auch an Meditation und auch ans Sterben,

---

[11] Nemitz, R., in Nasio, was ist ein Signifikant, www.lacan-ent- ziffern (2023)

dessen Ästhetik ich herausstellen will, wodurch ich wieder zur ‚Minus Null‘ zurückkehren kann. Denn die ’Minus Null‘ bezeichnet ja nicht das Ende allen Daseins, sondern das Nichtvorhandensein des oder eines Subjekts, also eines dem Unbewussten unterstellten Wesens, eines der Sprache des *Anderen,* eines dem Irrationalen ausgelieferten Menschen.

Und genau das hat auch mit dem Sterben zu tun, obwohl man nur Vorstellungen davon hat, an die man mit Rationalität nicht herankommt, auch wenn es doch irgendwie so real ist. Für Lacan war das Reale nicht die Realität, sondern das wirklich Wirkende, das „immer an seinem Platz ist“, aber unmöglich zu verstehen und zu erkennen ist. Deswegen schweigt der Psychoanalytiker nach Möglichkeit, wenn er seinen Patienten behandelt. Sowieso soll er „mit der Stimme eines Toten reden“, was, wie das Schweigen, seinen Patienten dazu treibt, aus sich herauszukommen, sich zu enthüllen. Auch das Sterben ist nichts anderes, als eine Art der Enthüllung, die aus dem Nichts heraus kommt und (freilich erneut) mit der ‚Minus Null‘ zu tun hat.

Und Enthüllung wiederum bedeutet nichts anderes, als dass alles zum Eingeständnis bereitliegt, es muss nur gesagt und getan werden. In diesem Sinne erklärt man die ‚Minus Null‘ am besten nicht mit dem Erscheinungs-Wirkenden der Zahlen und Objekte, sondern besser mit dem Wort-Wirkenden des Subjekts, der

Signifikanten, den sprachlichen Bedeutungseinheiten, zu denen ich jetzt die versprochenen Erklärungen beitragen möchte.[12] Indem „ein Signifikant ein S u b j e k t für einen anderen Signifikanten repräsentiert", wie Lacans Universalformel schließlich lautete, kommt das Reale, wenn schon nicht real, so doch als normale Null oder Eins zum Zug. Denn mit den zum Signifikanten, mit dem zum Effektvollen der Sprache Gemachten, lässt sich besser rechnen als mit Zahlen. Das wissen – wie erwähnt – die Leute von der KI am ehesten. Das heißt, sie glauben es zu wissen.

Denn eigentlich wissen sie nicht, was die Signifikanten genau sind. ChatGPT befragt, behauptet, „*Signifikanten werden auch in der Linguistik oder Psychologie verwendet, um Symbole oder Zeichen zu beschreiben, die eine bestimmte Bedeutung tragen*". Albernes Gerede. Weil die einzelnen Signifikanten – jetzt krass vereinfacht: ‚wörtliche Bruchstücke' – nur durch ihre Differenz jedes von jedem, also durch ein Fluidum von Wörtern mit ungesicherter Bedeutung funktionieren, bekommt das menschliche Subjekt zwischen ihnen

---

[12] Ich beziehe mich mit dem Erscheinungs- und Wort-Wirkenden auf Freuds Eros-Lebens- und Todestrieb, bzw. auf Lacans Schau- und Sprechtrieb als dem zwei Grund- und Elementarformen des Begehrens. Die ‚Minus Null' ist daher etwas, was außerhalb und über beiden steht.

Gestalt, subjektiv Gestalt. Zu kompliziertes, eintöniges Gewschafel? Ich will es nochmals anders probieren.

Ein Buch besteht aus dem materiellen Pappendeckel, dann aus Papier 80g oder 90g, das betrifft die Papierstärke von 80 oder 90 Gramm/Quatratmeter. Auf diesem Papier stehen schwarze Zeichen, die Sprachlaute markieren, die wiederum beim Lesen derselben eine Bedeutung haben und schließlich gar einen Sinn produzieren. Aber wo kommt der Sinn her? Aus dem Gehirn eines Autors? Nein, eher aus seinem Denken, noch eher vielleicht aus seiner Phantasie, aber ganz, ganz eigentlich aus etwas wie einem Bühnenstück, eventuell sogar einem Drama, etwas seelisch Umtriebigen, Herumgeisternden im Autor selbst, und ihm möglicherweise nicht bewusst, also notfalls ganz unbewusst.

Genau diese Differenz von dem ersten bis zum letzten Punkt meiner Aufzählung überbrückt – schlecht und recht – ein Signifikant wie etwa ‚gute‘, ‚anspruchsvolle‘, oder sonst irgendwie gestaltete ‚Literatur‘, ‚gesammelte Werke‘, ‚Bestseller‘, was alles immer weiter und weiter führt, aber so total nie ans Ende kommt. Deswegen kann das Subjekt, der aufs Subjekt bezogene Mensch, sich zwischen all diesen Aspekten einrichten und subjektbezogene Dinge mit den Signifikanten sagen, mit den Bedeutungseinheiten, den Sinnverkablern, den Wahrheitslügen und heiligen Geräuschmachern.

Ich hasse es eigentlich immer nur zu reden und zu schreiben und versuche deswegen eine direkte Praxis zu finden, die konkreter, begreifbarer und eben realer an das heranführt, das ich mit meinem Gefasel vom ‚schalldichten und schallschluckenden Raum‘, den ‚Widerhalleffekten‘ zwischen Mutter und Kind und dem Mutismus einzukreisen probiert habe. Wenn ich es hasse zu reden und zu schreiben und es trotzdem mache, hängt dies damit zusammen, dass ich eine abgrundtiefe Leidenschaft habe mich auszudrücken, aber dies nur noch in Form logischer Praxis tun möchte, denn wie gerade gesagt, die Sprache reicht nicht.

Und das heißt, jemanden direkt durch B(r)uchstaben verwandeln, ohne selbst solche – zumindest solch vollständige – Worte zu benutzen. Eine der Liebe unterstelle Wissenschaft lässt sich also weder mit der Mathematik, noch mit den Grundtrieben des Erscheinungs- und Wort-Wirkenden, des Luziden (Stoiker) und es Klangs (Psychoanalytiker) – isoliert, für sich alleine – erreichen. Ich will mich deshalb kurz dem Philosophen Descartes zuwenden, der meinte, dass er sei, weil er denke. Was philosophisch im siebzehnten Jahrhundert eine gute Idee war, konnte man später nicht mehr so unumstritten stehen lassen. Trotzdem ist es sinnvoll ein paar Sätze dazu zu sagen.

2. Ich spreche, also bin ich

Ich will versuchen das Ganze von einer völlig anderen Perspektive her zu erläutern. Das Buch ‚Die Elenden‘ (Les Miserables, 1500 Seiten)) von Victor Hugo ist in den letzten hundert Jahren zwanzig Mal verfilmt worden. Mit jedem Mal wurde der Film bombastischer und schließlich sogar als Musical unter die Leute gebracht. Klar, dass mit Film, Fernsehen und Digitalisierung immer mehr vom eigentlichen Text verloren ging, um dafür das Großstadtdrama in den Gassen von Paris herauszuheben. Doch der Autor schildert im Buch nicht nur ein spannendes Spektakel aus dem Frankreich der nachnapoleonischen Zeit, sondern streut in den Text auch reichlich sozialkritische und philosophische Bemerkungen ein, die ‚Die Elenden‘ erst richtig gehaltvoll machen. Bereits in der Art, wie er den Text aufbaut, liegen zahlreiche originelle Ausdrücke und Kommentare, die ein visuelles Medium überhaupt nicht hergeben kann.

Dass die Menschen kaum noch das Buch kaufen, sondern nur die Filme ansehen, ist nicht nur schade, es zeigt auch einen intellektuellen und kunstverständigen Verfall, der für die heutige, schnelllebige, Facebook-, Instagram- und Tiktok-hörige Zeit typisch ist. Sie alle sehen nur das Flimmern der Bilder, schöne, zerlumpte Frauen, tobende Straßenkämpfer und den kriminellen, aber total altruistischen Helden, während V. Hugo doch belehrend schreibt, dass „*der Mensch einen Tyrannen hat, die Unwissenheit. Diese Tyrannei hat die falsche Autorität geboren, während die Wissenschaft die wahre Herrin ist. Nur von ihr soll er sich lenken lassen – und von seinem Gewissen, das angeborene Wissenschaft ist. Das Unendliche ist dort oben [der Redner zeigt zum Himmel], hätte das Unendliche kein Ich, so gäbe es an dem Ich eine Beschränkung, es wäre dann nicht unendlich; anders ausgedrückt, es wäre nicht. Es ist aber, also hat es ein Ich. Dieses Ich des Unendlichen ist Gott.*"[13]

Raffiniert gedacht, Victor Hugo braucht keine ‚Minus Null'. Dass Gott ein Ich hat, aber eines des Unendlichen, Ewigen, ist zwar nur poetisch gesagt, aber es trifft genau die nicht nur über dem neunzehnten Jahrhundert, sondern schon seit jeher über diesem zu hoch vergeistigten Anspruch liegende Religion. Nicht erst die Psychoanalytiker haben verstanden, dass die „theologisch gewusste Wahrheit von sich aus einen Trend des Unglaubens ihr selbst gegenüber erzeugt".[14] Doch der Dichter sagt es viel plastischer, selbst das Ich des Unendlichen ist nur ein Ich, aber eben das eines Gottes. Solche Dinge wird man im Film nicht geboten

---

[13] Hugo, V., Die Elenden, Erster Teil, erstes Buch.
[14] Lacan, J., L`Envers de la Psychanalyse, Seminar Nr. XVII, edition seuil (1991) S. 71

bekommen, aber der Leser sollte verstehen, dass V. Hugo einen eigenen, der Wissenschaft nahen Diskurs erstellt, so wie er, das heißt jeder Lesende, jeder Einzelne es auch könnte, würde er sich nicht durch die visuellen Medien verflachen lassen.

Für Lacan war das unbewusste Ich das Subjekt, Hugo nennt es Gott, eine ideale Theologie, die er genial in den Sozial-Thriller der ‚Miserablen' hineinstellt. An anderer Stelle schreibt er: *„Ein Heiliger, der an chronischer Selbstverleugnung leidet, ist ein gefährlicher Nachbar. Wie leicht steckt er einen an! Er infiziert einen mit einer unheilbaren Armut, einer Rückensteife, die beim Vorwärtskommen sehr hinderlich werden kann"*. Das ist gut kontrapunktisch gesagt, wie auch sein Kommentar, der total gegensätzlich zum Verhalten der heutigen jungen Frauen steht, die ungeniert Nacktfotos von sich in den sozialen Medien verbreiten.

Denn bei V. Hugo erschrecken die Mädchen selbst vor ihrer Nacktheit, so *„als wenn fremde Augen auf sie schauten und sie bei jedem Geräusch zusammenzucken, als fürchteten sie beobachtet zu werden."* Nun ja, so schlimm und fast geradezu neurotisch muss man es auch nicht handhaben, aber aus den so dichterisch geschilderten Gegensätzen könnte man lernen. Das Gegenteil der Neurose ist die Perversion, lehrte Freud. Alles originelle Bemerkungen, die die meisten aus V. Hugos Büchern und von anderen Schriftstellern überhaupt nicht kennen und die zahlreich im Buch ‚Die Elenden‘ stehen, während die Leute sich heute nur einen wilden Underdog-Western ansehen, eine Art der modernen Veräußerlichung und Nivellierung.

Die Dinge anders herum sehen heißt, sie aus der ‚Minus Null‘ heraus sehen, weshalb ich von diesem Bezug zu V. Hugos Buch als einem anderen Diskurs berichtet habe: Man soll sehen können, dass man aus allem einen neuen Diskurs erzeugen kann, es müssen nicht die Algorithmen der KI sein. Auch der Text, der im Kontrast zum Film zeigt, auf was es ankommt, demonstriert besser, dass man hassen kann, was man leidenschaftlich liebt und begehrt, und in dem der Verbrecher der Edelmann und die in Lumpen gehüllte, verwahrloste Frau die attraktivste und schönste ist. Die gegensätzlichsten Emotionen sind nichts Ungewöhnliches, und das kann man bei V. Hugo genauso hören wie bei den Psychoanalytikern, wo es manchmal geradezu therapeutisch wirkt.

Es verhält sich ähnlich wie mit der Lust, die mit einer gleich großen Menge Angst verbunden ist, wie sie der Psychoanalytiker M. Balint in seinem Buch ‚Angstlust und Regression‘ beschrieben hat.[15] Es geht darin um Menschen, die sich das Unglaublichste zutrauen, aber gleichzeitig ganz entsetzlich unter der Angst vor dem

---

[15] Balint, M., Angstlust und Regression, Klett-Cotta (1960)

Misslingen, aber auch vor dem zu großen Mut und zu großem Erfolg leiden. Oder die den ausgefallensten Sex suchen, und doch aus lauter Erfüllungssucht impotent bleiben. Wie bei V. Hugo ist auch in der Psychoanalyse oft das Ausdrücken des Trivialen das Therapeutische und die Enthüllung des Perversen die Befreiung. Und so handelt es sich bei mir um die Sucht, etwas Bedeutendes zu vermitteln, und doch vor lauter Geschreibe meine Bücher kaum unter die Leute bringen zu können. Ich muss mich so divergent und selbstkritisch ausdrücken, nur so komme ich mir selbst glaubhaft vor.

Ich kann es auch mit meiner Leidenschaft für das Zahlenrätsel-Spiel Sudoku erklären, das ich ebenso nicht mag, ja es hasse, weil es Zeitverschwendung ist. Die Zahlen sind auf einem Blatt Papier in bestimmter Weise in Bezug zu setzen, was verführerisch und meist ohne viel Umstände zu machen ist, aber dass es – wie oft behauptet – die Kombinationsfähigkeit trainiert, stimmt absolut nicht und bestätigt somit meine Abscheu. Aber der Spaß, die Lust, treibt bei jeder gefundenen Kombination, das Spiel weiter in Richtung auf eine letztliche Lösung, die einem vormacht, man habe wie Euklid ein mathematisches Rätsel enthüllt und sei ein Zahlen-Genie.

Nun könnte man sich, was das Sich-Ausdrücken betrifft, nur an das ausschließlich Sachliche, an Bemerkungen zur Arithmetik oder auch noch an einen Ausflug in die Philosophie der Skeptiker, wie etwa an dem geistreichen Pyrrhon von Elis halten. Doch es soll um Wissenschaft gehen, und da genügt gerade mal Lacan, der intellektuell brillant an das Reale heranführt. Aber dies gelingt ihm nur in einem endlosen Werk, das kaum jemand für verständlich hielt, doch wenn es einer erreichen könne, ihn voll zu begreifen, meinte Lacan, könnte man ihn nur weiterführen in seiner Spur, aber gleichzeitig in einem völlig anderen, neuen Diskurs. Nichts offenbart besser das ganze Problem einer Fortführung der Wissenschaft. Denn nur nachplappern oder auch selbst neu interpretieren, was Einstein, was Hegel oder Freud und Lacan und noch etliche andere gesagt haben, gilt nicht. Es muss stimmen, aber auch völlig anders strukturiert in einem neuen Diskurs vorgetragen werden.

Und so bin ich also berechtigt, über das Sich-Ausdrücken in Form von Reden und Schreiben zu jammern, denn ich will auch kein Imitator oder Plagiator Lacans sein, von denen es heute schon viele gibt. Nach meinen ersten Jahren ärztlicher Tätigkeit begann ich auch noch eine psychoanalytische Ausbildung zu absolvieren, um eben das, was ich sagen wollte, möglichst umfangreich tun zu können. Doch das reichte nicht. Die psychoanalytischen Ausbildungsinstitute sind heutzutage wie Universitäten geworden, die dem Lernenden ein

Wissen vermitteln, das von Institut zu Institut unterschiedlich ist, aber ohne, dass wirklich Neues zu Tage kommt. Es wird Freud in verschiedenen Formen nachgebrabbelt. Lacan meinte daher, die Institute verhalten sich wie Geheimgesellschaften, wie Freimaurer-Logen, bei denen eine unklare Hierarchie vorherrscht und kaum noch jemand etwas Originelles auf dem Lehrplan hat. Ich selbst hatte immer gehofft, dass es unter den Lehranalytikern im Ausbildungsinstitut einen gäbe, der eine gewisse ‚Ausstrahlung' hätte, so wie Lacan sie hatte. Aber das war nicht der Fall.

Lacan sah sich zwar selbst nicht als so ‚ultrasubjektiv ausstrahlend' an, wie er diese unbewusst scheinende ‚Blickorgie' des Schau-Triebs – wenn ich es vorerst so nennen darf – titulierte. Bekanntlich sitzt der Psychoanalytiker abgewandt hinter dem auf der Couch liegenden Patienten, aber umso stärker wirkt der Blick und stimuliert dies die Phantasie und beim Begegnen und Begrüßen, sowie beim Verabschieden und Weggehen. Letztlich geht es diesbezüglich – wie schon erwähnt – um das Luzide, das im Schautrieb Wirkende, das Lumineszente, das „sich sehend Machende" neugierig Helle, wie Lacan das Blick- oder Schaubegehren nennt, das kein physikalisches Licht, aber auch kein spirituelles Erleuchten darstellt. Es dominiert aber all das Erscheinungs-Wirkende, das unbewusst blicksuchende, neugierig anstarrende und sichtgestaltende Begehren.

Bereits Freud hat das Luzide, die Schaulust, als einen eigenständigen Grundtrieb bezeichnet, der eben so stark verdrängt, ja geradezu aus dem seelisch Unbewussten wie abgespalten erscheint, und so noch mehr als der Klang und der Ton, dem Nichts, der ‚Minus Null‘, verbunden sein kann. Denn während man den Klang des Unbewussten schon allein mit schalltechnischen Mitteln hörbar machen kann, ist das beim Strahlen des Luziden, bei der Schaulust, nicht so leicht möglich. Wenn es aber doch erreicht wird, kann es einen überfluten; man spricht von der Inflation des Unbewussten, vom übermäßigen Phantasieren und Halluzinieren.

Es gibt auch eine Inflation des Ichs, die damit zusammenhängt, dass das Ich ein ‚imaginäres Objekt‘ ist, etwas ‚Eingebildetes‘, das insistiert. Diesbezüglich hat man ja dem Philosophen R. Descartes vorgeworfen, er rede ja schon als ‚Ich‘, als ‚Ich‘ Descartes, um dann zu behaupten, dass er deswegen – weil er das denke – auch sei. Und weil er das ist, denkt er weiter und weiter, redet er und schreibt er nur. In gewisser Weise tue ich das jetzt auch, nur reden und schreiben; das ist ich-synton, aber ich werde das abstellen – mit einer Praxis, in der weder geredet noch geschrieben werden muss, wohl aber etwas gesagt wird. Und zwar das, was im Unbewussten verdrängt und abgespalten ist und in einer direkteren Form zum Ausdruck kommt. Schließlich ist es doch das, um das es hauptsächlich geht.

Man hat Descartes trotzdem ein bisschen Ruhm gelassen, weil er dem Menschen im Denken ein sprachlich bedeutungsstiftendes Charakteristikum gelassen hat, und genau das ist ein Signifikant, ein Wort-Wirkendes. Nun ist aber ein einzelner Signifikant keiner ausreichenden Bedeutung fähig, was man gerade am Denken beobachten kann, das für den Psychoanalytiker – und den muss ich hier vorerst noch bevorzugt verwenden – nur ein Affekt ist, ein Gefühlsausbruch, eine Abwehr des Triebs. Der Gedanke ist zu keiner vollkommenen Transparenz geeignet, konstatiert Lacan. Es braucht also stets einen weiteren Signifikanten, zum Beispiel den, dessen bedeutungs-stiftendes Charakteristikum im Erscheinungs-Wirkenden zum Zug kommt, was Pyrrhon und die Skeptiker so betonen.[16]

Allein sagt diese Identität aber nur den Stoikern etwas, die es tatsächlich verstehen, das Ich zu verlieren ohne ganz verrückt zu werden. Umgekehrt Descartes, der

---

[16] Ich kann diese Rätsel- und Jenseitshaftigkeit der Signifikanten auch mit einem Ausspruch Foucaults erklären. Er sagte, das Jenseits liegt nicht irgend anderswo, sondern im Diesseits unserer Sätze, unserer Linguistik. Die Sprache ist letztlich so komplex, als hätte sie einen Hauptbezugs-Punkt in einem Paralleluniversum, also nur 10^{-31} cm von uns getrennt, und das heißt eigentlich fast mit uns identisch und doch woanders.

glaubte, im Denken das Ich zu stärken, weil er nicht wusste, dass das Denken nur etwas Intransparentes und emotional Expressives ist. Für heute ist das alles nicht mehr genug, und so ist der Mensch als S u b j e k t zwischen den zwei Signifikanten, dem Erscheinungs- und Wort-Wirkenden geradezu eingezwängt, ‚fra due fuochi' (zwischen zwei Feuern), wie die Italiener sagen, und das heißt im Sinne Freuds und Lacans: zwischen zwei Begehren, zwischen zwei Triebkräften, zwischen zwei Lüsten, also tatsächlich Feuern. Das Einzige, das aus der ‚Minus Null' herausführen kann, und das ich zur Praxis bringen will, die ich ohne dauerndes Reden und Schreiben zu vermitteln hoffe, liegt im Sagen. Sagen ist mehr als sprechen oder reden. Ich kann es am besten mit einem Traum erklären, der ja auch Praxis ist, die man durchlebt, wenn man sie auch nicht lange erinnert.

Ich war in meinem Leben fast fünfzig Jahre lang als Arzt und Psychoanalytiker tätig und konnte in einigen Fällen Wünsche zur Sterbenshilfe durch therapeutische Gespräche ein wenig besänftigen, doch einmal gab ich einem Patienten, der schwer jammerte und wirklich an einem chronischen Altersleiden litt, eine Diazepam (Valium) Spritze, damit er wenigstens einmal wieder richtig schlafen könnte. Doch er wachte nicht mehr auf. Allerdings schlief er mehrere Tage, bevor er starb, so dass meine Spritze gar nicht die Ursache seines Todes gewesen sein konnte. Einen Tag später aber träumte ich, dass ich Patienten behandeln sollte, die unbedingt Hilfe beim Suizid erhalten wollten. Ich sagte im Traum zu ihnen, dass ich nur e i n Wort besäße, das nichts bedeuten, aber ihnen beim Sterben helfen würde.

Diese Besessenheit von dem e i n e n Wort stammt aus meiner Kindheit, wo es im Religionsunterricht immer hieß: „. . und sprich nur e i n Wort, dann wird meine Seele gesund". Nur e i n Wort! Nur e i n einziges! Konnte es das überhaupt geben? Ja, ich war überzeugt, auch wenn ich damals wie auch nun im Traum überhaupt keine Ahnung hatte, um was es sich dabei eigentlich handelte. Doch im Traum wirkte das Univoke, das ‚Einstimmige'. Meine Patienten und auch ich selbst waren plötzlich von einem wunderbaren Hochgefühl erfüllt, das mich – nach dem Aufwachen – an Lacans Satz erinnerte: „In der Liebe gibt es immer eine Wonne des Todes, jedoch nur, wenn man ihn sich nicht selbst auferlegt".[17] Nun ja, ich war im Traum selbst der aktive, aber ich habe niemanden den Tod auferlegt, es war reine Ästhetik, Rhetorik, der wie früher gar kein entscheidendes Wort zugrunde lag.

In meinem Traum habe ich es e i n e m Wort auferlegt, das es nicht gab und so nur am Sterben der Anderen

---

[17] Lacan, J. Die Übertragung, Seminar VIII, Sitzung vom 15. 5. 61

partizipiert, aber zweifellos war Freuds Eros-Lebenstrieb und wohl nicht so sehr eine altruistische Liebe mit im Spiel. Oder doch? Es gibt viele Miteinander-Suizide, bei denen das Miteinander-Sterben vielleicht zwei Begehren, zwei Lüste, zwei umeinander sich windende Strebungen, eine wichtige Rolle spielen, so dass man sich den Tod so richtig gar nicht selbst allein auferlegt, sondern es einer irgendwie aussichtslosen aber eben starken gegenseitigen Liebe überantwortet. So wie es z. B. bei Heinrich v. Kleist und Henriette Vogel oder Stefan Zweig und seiner viel jüngeren Frau sowie Kronprinz Rudolf und Mary Vetsera der Fall war. Bei allen kann man allerdings von großer Liebe wohl nicht sprechen, aber konnten sie die Bedingung des ‚Sich nicht selbst Auferlegens‘ abschwächen und glauben in der Gemeinsamkeit, in der Komplizenschaft, vielleicht doch in einen Höhenflug zu erreichen?

Ich glaube nicht, und wenn, dann nur sehr weit weg im Hintergrund. Viele Menschen denken, dass es ein Liebesdienst sein kann, jemanden beim Sterben zu helfen, wenn die Lebenssituation ausweglos ist. Um diese Problematik ging es auch in dem Film ‚Liebe‘ des Regisseurs M. Haneke, der allseits hoch gelobt wurde und viele Preise erhielt. Bei dem gezeigten, sehr alten Ehepaar erleidet die Frau einen Schlaganfall und wird zunehmend dement. Der Mann pflegt sie hingebungsvoll, mit viel Engagement und Phantasie, doch gegen Ende dieses empathischen Dramas, nachdem er noch vertraulich zu ihr geredet hat, erstickt er sie mit einem Kissen und legt sie mit Blumen drapiert ins Bett. Wieder wird also den ganzen Film hindurch etwas beschworen, was wohl ganz tiefe Liebe sein soll, alltags-psychologisch perfekt nachfühlbar und mit angeblich wunderbarem Ausgang, denn der Mann hört ihre Stimme auch nach ihrem Tod und sieht sich auch mit ihr aus dem Haus gehen, usw., was vermitteln soll, alles ist Liebe und in Ordnung.

Doch ich weiß nicht, ob man nicht besser sagen soll, dass die Geschichte tragisch oder gar mit einem Mord endet? Denn vielleicht war der pflegende Mann ja lediglich ein Narzisst, der sich in die Rolle des optimalen, umfassend einfühlsamen Helfers nur hineingesteigert hat und am Schluss die wahren Gefühle herauslassen musste: Destruktivität, Kälte, Mord. Denn warum hat er nicht vorher schon einmal mit ihr über die Gestaltung des Lebensendes gesprochen, vielleicht hätte sie eine Sterbehilfe sanfterer und professionellerer Art bevorzugt. Das wäre vielleicht das e i n e Wort gewesen. Denn ihr einfach ein Kissen drauf zu drücken, sie in schreckliche Erstickungsnot zu bringen, ihr wehrhaftes Zappeln noch zu spüren, kann doch kein Liebesakt sein. Genau dieses versucht der Regisseur aber zu suggerieren, und die meisten Menschen glauben es ihm.

Und von was wird die Frau erlöst? Demente Menschen empfinden ihr Weggehen aus dem sozialen Leben, ihren Gedächtnisverlust, ihre scheinbare Monotonie und Lethargie gar nicht so schmerzlich, während es ihre Umwelt, ihre Angehörigen viel mehr trifft und sie viel mehr unter der Unerreichbarkeit des Demenzkranken leiden als dieser selbst. Schließlich wird ja der Pflegeaufwand immer größer, und wenn man alles alleine machen will, wird es auch maßlos überfordernd und irgendwie sinnlos. Ist es nicht der Mann, der letztlich durchdreht, nicht mehr weiter weiß und er somit seine Frau unter dem Vorwand einer guten Tat schlussendlich umbringt? Müsste der Titel von Buch und Film nicht ‚Liebe‘, sondern ‚The Deepfake of Love‘ heißen, die ‚Liebeslüge‘. Denn liebevoll war dieses Sterben nicht.

Um eine solche Lüge ging es wohl auch in den genannten Doppel-Suiziden. Vordergründig spielte beim Kronprinz Rudolf wohl die Tatsache eine Rolle, dass er Mary Vetsera nicht liebte, sie ihn aber sehr wohl, indem sie selbst sagte, sie sei im Tod mit ihm glücklicher als im Leben. Dagegen benutzte er ein vorgeschobenes Motiv (die unerfüllbare Beziehung), das seine gesellschaftliche und politische Unfähigkeit und seine Depression verdecken sollte. An den ‚Wonnen des Todes‘ waren sie also wohl nicht beteiligt, aber immerhin zeigte mir mein Traum, dass umgekehrt wie im gemeinsamen Suizid, im Sterben generell etwas Gemeinsames existieren kann, das – wenn es einen Zustand der Ästhetik, des Wortes und der Liebe erreicht, aber vielleicht auch nur hochgradig phantasiert ist – mit den ‚Wonnen das Todes‘ zu tun hat.

Man kann den Tod – so könnte man es vielleicht auch sagen – in einer ästhetisch überhöhten Praxis erleben, und ihm so seine Hässlichkeit und Negativität nehmen, auch wenn das nicht unbedingt eine therapeutische Praxis sein muss. Sie wird ähnlich aussehen wie der Vorgang mit dem e i n e n Wort, zumindest mit einem, das eben nicht zu verstehen ist, aber dafür viele Bedeutungen hat, die sich so im Wege stehen, dass sie nichts Einheitliches sagen können, und so wie das Schweigen des Psychoanalytikers dennoch das Entscheidende bewirken, das aus der ‚Minus Null‘ herausführt. Ich werde diese Praxis, die in etwa nach diesem Prinzip funktioniert, nach und nach beschreiben und im Anhang noch zusätzlich eine direkte verbindliche und hilfreiche Anleitung geben.

Was Descartes angeht, so hätte er wohl besser gesagt: ‚Ich spreche, also bin ich‘, denn die Sprache ist das, was den Menschen am stärksten von allen anderen Lebewesen unterscheidet. Sein Sprechen und Schreiben charakterisiert ihn am meisten. Leider jedoch nicht in der bestmöglichen Form. Eine solche würde sie nur annehmen, wenn beim Sprechen, Reden und Schreiben

wirklich etwas gesagt würde. Etwas Univokes, ‚Einstimmiges‘, das e i n e Wort, das aber niemand einem
anderen sagt, sondern das aus einem selbst stammt, aus
dem ‚symbolischen Automatismus‘ des Unbewussten,
wie Lacan es nennt. Also etwas Autogenes, Autono-
mes, Autochthones bis hin zu etwas Autoritativem, das
seinen Ursprung nur aus sich selbst erklärt und deswegen ‚also ist‘.

Noch intensiver wäre vielleicht ein ‚Ich liebe, also bin
ich‘, gäbe es nicht da ebenfalls ein Problem. Denn das
Lieben lässt sich meistens nicht so ewig lange aufrecht-
erhalten, wie man glaubt. Lacan betonte sehr oft, dass
die Liebe nur eine Spiegelerfahrung ist. Man spiegelt
sich im Anderen, den ich jetzt nicht kursiv schreibe,
denn es handelt sich nicht um den *Anderen*, der sich
mehr innen als außen befindet. Im Spiegel ist das Bild
des Anderen nicht mehr so genau sichtbar, weswegen
die übliche Spiegelung meist nur einem selbst gilt. Die
Spiegelfunktion im unbewusst *Anderen* dagegen beinhaltet auch ein Sagen in seiner Form als Wahrheitsspiegel und als einer zum Bewussten gegenläufigen psychischen Instanz, wo Lacan auf den ‚Idealblick‘ des *Anderen* als Spiegel der Wahrheit verweist, der damit mehr
die weibliche und erscheinungs-wirkende Seite dieses
Anderen bedeutet, während das Wort-Wirkende die

männlich-väterliche Seite betont. [18] Immerhin kommt man so von Descartes und auch von all den herkömmlichen, rein Freudianischen Psychoanalytikern weg und könnte auf ein ‚ich liebe, also bin ich' ernsthaft eingehen. Dennoch hat Freud diese Seite gekannt. Er hat gewusst, dass die Liebe des Psychoanalytikers eine äußerst verhaltene Liebe ist und sein muss.

Aber er konnte das nicht so richtig sichtbar umsetzen, er musste die Übertragung, also den seelischen Vorgang, in dem der Patient Gefühle und Bedeutungen, die aus früheren oder aus anderen Beziehungen stammen, auf den Therapeuten verschiebt und also überträgt, wieder auflösen. Denn diese Übertragung war inadäquat, und obwohl Freud auch immer wieder einmal von der Übertragungsliebe des Patienten sprach, so durfte die freilich nicht auf der gleichen Ebene erwidert werden. Sie musste gedeutet werden, gedeutet woher und von wen sie eigentlich kam, und dass sie eben weiterhin stark in der Spiegelfunktion verhaftet geblieben war, die mit der Mutter-Imago, mit dem frühen Mutterbild, mit der verführerischen mütterlich-weiblichen Ikone zu tun hat. Ich komme im Folgenden noch darauf zurück.

---

[18] Lacan, J., Seminar VIII, Passagen-Verlag (2001) S. 432 .

3. Die Erotik der Wahrheit

Der Weg von der Null zur Eins war für den Philosophen M. Heidegger die „Geworfenheit" des Menschen ins Leben, und zwar die aus der ‚Minus Null' heraus und hinein zwischen die genannten Signifikanten. Auch als Kind ist man damit schon beteiligtes Subjekt, das im Strudel der Geschehnisse sein Heil suchen musste. Immerhin kann man darin eingebunden groß werden, auch wenn man als Kind lange glaubt, man ist der Mutter einziger Liebling, ja Geliebter, indem man nicht erkennt, dass diesen Platz der Vater bereits versteckt in der Mutter, seiner Frau, besetzt hat. Dies macht den sogenannten Ödipuskomplex aus, der wenigstens ‚Objekthaftes' in die familiären Beziehungen bringt, doch die ‚Minus Null' liegt eben noch davor im sogenannten prä-ödipal Subjektiven.[19] Für was ist das jetzt alles gut? Kann man es nicht einfacher sagen?

Nun ja, es ist vielleicht ein erster Schritt zu einer der Liebe unterstellten Wissenschaft, denn der Vater in dem gerade genannten Komplex müsste nur noch dazu gebracht werden, von seinem Versteckten etwas preiszugeben, es ein bisschen zu enthüllen – und, wenn das

---

[19] Mit prä-ödipal wird auch das als psychisch Nicht-Repräsentierte bezeichnet, das also therapeutisch nicht erfassbar und nutzbar ist, weil es nicht in diese Dreiecksstruktur von Vater, Mutter und Kind des Ödipuskomplexes eingebunden ist.

nicht geht, wenigstens eine der Liebe unterstellte Intelligenz zu formen. Es wäre eine Vorstufe für die Wissenschaft, die nicht daraus besteht Experimente zu machen oder Objekte, Gegenständliches zu zerschneiden, um es zu erforschen, sondern eine davon, mit der man sich selbst analysieren, ergründen und im Staunen begreifen kann. Doch der Vater gibt nicht so schnell etwas preis, er genießt gewisse Vorschusslorbeeren, behauptet Lacan, weil er sozusagen der Verwalter, der Erfinder, der Schöpfer des Namens ist, in dessen Signifikanz man spricht. Jedenfalls hat das Jahrtausende lang so gegolten, und auch wenn man heutzutage das Gefühl hat, dass dieses Komplott einer familiären Intelligenz schon immer etwas gebröckelt hat, und jetzt vielleicht mehr denn je.

In den Vorkapiteln habe ich erörtert, dass es die mathematische Intelligenz nicht ist, und auch das Denken, speziell das philosophische Denken, das ja die Höhe, die Blüte des Denkens ist, diese Forderung nach einer gut und perfekt weiter gedachten Wissenschaft nicht erfüllt. Obwohl Descartes immer noch eine wichtige Position in der Philosophie einnimmt, gilt er doch gleichzeitig als das Paradebeispiel des gescheiterten Denkens und Philosophierens. Ich habe schon gesagt, dass Descartes besser geschrieben hätte: ‚Ich spreche, also bin ich‘, wäre dies nicht auch problematisch. Denn wenn Freud sagte, dass die Philosophen sublime

Hysteriker seien, weil er psychoanalytische Wissenschaft betreibt, während der Philosoph nur aus seinem
Selbstbewusstsein heraus spricht, so ist das noch kein
Fazit. Erst als er nachwies, dass er damit Menschen the-
rapieren kann, war Freud etwas weiter, aber es waren
nur Neurotiker, die er behandelte.

Ich greife nochmals auf, dass es kein Widerspruch ist
zu sprechen, dabei aber nichts zu sagen. Inzwischen ist
soviel Reden und Forschen, Sprechen und Wissensbe-
gründung erfolgt, dass man den Schlussstrich ziehen
kann: Beim Sagen handelt es sich um etwas völlig anderes als beim Sprechen und Reden, denn wer hat nicht
schon einmal – speziell im Zusammenhang mit einem
Politiker – den Satz gehört, ‚er hat wieder einmal viel
geredet, aber nichts gesagt‘, nur leeres Bla Bla von sich
gegeben. Die Frage ist doch: wo und wann wird wirklich etwas gesagt? Denn wenn ich selbst überhaupt
keine Lust habe Worte an Worte zu reihen, Buchstaben
an Buchstaben, wenn mir einfach das Schriftstelleri-
sche fehlt oder gar die Fähigkeit einen auch nur ein
bisschen anspruchsvolleren Text oder eine Dichtung zu
verfassen, geschweige eine Wissenschaft, dann liegt es
eben daran, dass Reden und Schreiben ist nicht meine
Sache ist, weil es auch mir nicht gelingt, etwas Wahres
und Wirkliches zu sagen.

Ich eröffne ein drittes Feld, das des Unbrauchbaren,
weil nichts effektiv berechnet (mathematisiert), nichts

klar gedacht (nur Affektausbruch), und jetzt zudem noch nichts Wirkliches und Wahres geredet, gesprochen, geschrieben oder sonst wie mit verbalen Zeichen vermittelt werden kann. Was kann eigentlich noch überzeugen? Dagegen Homer, unglaublich, was der geleistet hat, als er sich in Hexametern und in Versen der ‚Ilias‘ wiegend, schwingend und sich mit voller Wucht melodisch einstimmend über das menschliche Drama des Trojanischen Krieges hermachte. Perfekte Geschichtsschreibung und Psychodrama in einem. Die Leute haben das damals halb singend vorgetragen und sind in das Wesen der Dinge und Menschen so eingestiegen, als wären sie selbst die Protagonisten.

Hundert Dinge mussten erwogen werden, nur damit der trojanische König Priamos, der Vater Hektors, den Leichnam seines von Achilleus getöteten Sohnes, im feindlichen Lager bergen, holen und zu sich nach Hause bringen konnte. Jede kleine Geste wurde mit dichterischer Kunst und Kraft beschrieben, besungen, beweint – selbst für heute noch mitfühlend und betrauernd geschildert. Mit Gewalt und vollem Sprachklang hallten die Worte . . . aber nein, ich kann nicht, würde ja ohnehin nicht Literatur, sondern eben Wissenschaft verfassen wollen. Ich will ja gar nichts schreiben, auch wenn man sich noch so powervoll in die dröhnenden Laute der ‚Ilias‘ vertiefen mag und so den laut wirkenden Ton in sich aufnehmend mittönt und mitsingt.

Freilich gibt es kein Zurück mehr, und wenn das Wort ‚Wissenschaft' als Ersatz für das Überzeugende nicht gefällt, muss ich erneut betonen, dass es mir nicht um die herkömmliche, sogenannt ‚objektive' Wissenschaft geht, sondern um eine v o m Subjekt, eine der Liebe, dem Eros unterstellte, eine wenigstens ‚objekthafte' Wissenschaft.[20] Früher habe ich das alles zu simpel gedacht und gefühlt. Heute sage ich, es gibt *Es* zuerst mal nur als ‚Minus Null', und daraus kann es dann ein „frei sich Entwerfendes" geben, wie der Philosoph M. Foucault sagte, also was „mehr ist als nur ein Heideggersches Geworfen-Sein", als nur eine Ursache erkennen, als nur etwas trostlos Kausales.[21]

Darin besteht doch die Wissenschaft, sie sucht immer nur die Kausalität, woher kommt dies und das, und wenn man es dann weiß, beherrscht man alles, behaupten sie. Auch Foucault ging es um die ‚Selbstpraxis' (was ich auch eine Selbstanalyse nenne), indem er die Vermittlung der antiken ‚ars erotica' wieder aufnahm. Foucault war der Ansicht, dass die originäre Selbstverwirklichung in der Liebe und im Sex stets verfremdet worden ist. Den Begriff „Macht" sagt er beispielsweise, muss man sich ohne Machthaber, ohne Herrscher

---

[20] Lacan, J., Seminar V, Turia & Kant (2006) S. 298, wo Lacan das Wort-Wirkende als etwas Objekthaftes bestätigt.
[21] Eilenberger, W., Geister der Gegenwart, Klett-Cotta (2024) S. 104

denken und den Begriff „Sex" ohne Gesetz, ohne Normierung. Beide stellen das letztliche, untergründige
Wirkliche dar. Foucault versteht unter „Sex" nicht die
Sexualität, sondern den Körper als solchen und seine
Lüste, schlechthin den Eros als solchen, ohne Einen-
gung, Regelung und Strategie. Seiner Meinung nach
müsste man den Sex all seiner Regeln und Formen ent-
kleiden, seine „Kargheit" und „Hinterhältigkeit" von
ihm nehmen und ihm seine „Selbstpraktiken" wieder-
geben, die – wie ich gerade zitiert habe – in der Antike,
in der ‚ars erotica' vorgeherrscht haben sollen.[22]

Für Foucault übt der Sex eine Diktatur der Missverständnisse aus, denn es fehlt selbst das ‚Objekthafte',
das Bestätigte, Definitive. Man muss „Nein zum König
Sex" sagen, dozierte er, damit eine freie erotische
„Selbstpraxis" entstehen kann. Denn, so behauptete er
weiter, dass man von Liebe und vor allem vom Sex
dauernd nur redet, so dass der Eros gar nicht zum Vor-
schein kommt. Die „Macht" verwischt, verdoppelt, verdreht, nur die Spur des „Sexes" und umgekehrt wird der
Sex zur Machtausübung pervertiert, weil ein geradezu
„gebieterischer Wille zum Wissen" die gesamte Beziehung zum Eros durchzieht.[23] Man glaubt, Jahrhunderte
lang sei die Sexualität unterdrückt worden und die

---

[22] Foucault, M., Short Cuts, Verlag Zweitausendeins (2001)
[23] Foucualt, M., Short Cuts, Das Abendland und die Wahrheit
des Sexes (2001) S. 85

Macht perfide gewesen, während man doch in Wirklichkeit heute einfach nur in einer Zeit lebt, in der man deswegen so viel von Sex spricht (Sexualwissen-schaften, Psychoanalyse etc.), um auf die lüsternste Weise an der gesellschaftlichen Macht zu partizipieren.

Foucault konstatiert für die Neuzeit eine obsessive Beschäftigung mit dem Sex, die sich in einer regelrechten „diskursiven Explosion" ausdrücken würde. Der Sex wurde für das Bürgertum zunehmend zu etwas, „das all seine Sorgen in Anspruch genommen und das er in einer Mischung aus Angst, Neugier, Ergötzen und Fieber kultiviert hat." Sexualität wurde zum innersten Geheimnis des Subjekts, zum „Universalschlüssel, wenn es darum geht zu wissen, wer wir sind" und dadurch zu einem Gegenstand der Wissenschaft: „Man glaubt, dem Sex seine Wahrheit entreißen zu müssen, . . Er soll uns sagen, was mit uns los ist." Weil dies selbst in der klassischen Psychoanalyse nicht so gut gelang, lehnte Foucault sie ab.

Er spricht zwar davon, dass wir eine neue „Ökonomie der Körper und der Lüste" entwickeln müssen, „in der man nicht mehr verstehen wird, wie es den Hinterhältigkeiten der Sexualität und der ihr Dispositiv stützenden Macht gelingen konnte, uns dieser kargen Alleinherrschaft des Sexes zu unterwerfen . .", steuert aber keinen konkreten Beitrag zu dieser neuen Ökonomie, dieser Liebes-Schule, dieser erotologischen Praxis oder wie man es immer nennen will, bei. Und damit bin ich wieder bei mir und meinem e i n e n Wort, das die Seele gesund machen würde. Könnte es vielleicht das Wort sein, das „eine Wollust ohne Begehren und ohne Fehl" anvisiert, wie Foucault anmahnt, und das, wie er weiter sagt, „nicht durch Beherrschung, sondern durch Freiheit" verwirklicht würde, was sicher das Gelungenste wäre, das man erreichen könnte.

Oder ist so etwas utopisch? Es wird vielleicht ein Wort, eine Theorie, eine Anleitung sein, die Foucault eine „Erotik der Wahrheit" nannte, was ebenfalls kühn klingt und unter dem ich mir gerne etwas Verheißungsvolles vorstellen möchte.[24] Sollte das vielleicht doch eine Praxis sein, die ich eben dem illusorischen Reden und Schreiben entgegensetzen könnte – denn das, eine ‚logische (und vielleicht eben auch erotologische) Praxis‘ zu etablieren, könnte meine Absicht in diesem Buch sein. In einem Meditationskurs, den ich vor fünfzig Jahren besuchte, hörte ich immer wieder den Slogan, den ich vorhin zitiert habe (eine Unze Praxis ist mehr wert als eine Tonne Theorien). Irgendwie leuchtete das ein. Aber woher die Praxis holen, die die Erotik nicht zurückdrängt, sondern mit ihr agiert?

---

[24] Foucault, M., Short Cuts, Das Abendland und die Wahrheit des Sexes (2001) S. 82-89

Die Mystiker früherer Jahrhunderte haben das gemacht. Ich erinnere an Juan de la Cruz, der diesbezüglich nicht zimperlich war, er "liebkost" Gott, Jesus, seinen Geliebten, schrieb er, bis es zur „unión de amor" kommt, zur Liebes-Vereinigung.[25] Natürlich war er nicht manifest homosexuell, der gute Johannes vom Kreuz, aber er bekommt die Dinge doch auch nicht ganz klar getrennt auf die Reihe. Der Philosoph Montaigne hat es besser gemacht, wenn auch ähnlich kurios. Er liebte exzessiv, über alle Maßen – wie er selbst sagte – einen älteren, adligen Gelehrten, und betonte, dass diese Beziehung keinen sexuellen Hintergrund gehabt hätte, aber sie war für ihn hinsichtlich Liebe und distinktem Eros exorbitant, das Höchste, das es gab, was man als Psychoanalytiker zumindest als latent homophil bezeichnen muss.

Ich verrate gleich, auf was es bei mir in diesem Buch hinausläuft, um ohne Sprechen, Schreiben und Reden zu einer Erotik der Wahrheit zu kommen, mit der man besser reüssieren kann. Es wird um das Sagen (nicht Reden, nicht Schreiben) e i n e s Wortes gehen, das ich zwar vorbereiten, also in der gleichen Latenz, von der ich gerade sprach, ansagen will, es aber der Hörer, der Dialogpartner, von sich aus manifest machen muss. Von sich aus heißt, von seinem Unbewussten aus, denn

---

25 Juan de la Cruz, Die dunkle Nacht, Herder (1995) S. 27-28

nur von daher kann das wahre Sagen kommen so wie Foucault es als Wollust ohne Fehl und nur in Freiheit verwirklicht, anvisierte. Man muss es im Namen des Unbewussten vorbringen, wo eine noch frühere ‚ars erotica' vorherrscht, eine die eben bevor das Sprechen so dominant wurde und die Seele beherrscht hat.

Ich will noch auf Hegel ausführlicher zurückkommen, von dem ich ja erwähnte, dass er – paläoanthropologisch – davon ausging, das Reden und Sprechen habe das originäre Genießen zerstört, so wie es – religionspsychologisch – auch Adam und Eva ergangen ist. Bevor sie sprechen konnten, haben sie nicht erkannt, dass sie ‚nackt' waren. Im Religionsunterricht haben wir uns kaputtgelacht, dass Adam und Eva erst nach längerer Zeit gemerkt haben sollen, dass sie nicht angezogen waren. Und bei dem Spruch, dass Maria ja kein Kind bekommen kann, weil sie keinen Mann ‚erkannte', ging es um das gleiche Paradox. Die Sache ist jedoch leicht zu klären. Im Hebräischen wird das Wort ‚erkennen' durch die Wurzel ‚עיד', *jd', ausgesprochen ‚jāda',* zum Ausdruck gebracht, die im gesamten semitischen Sprachraum vorkommt.

‚Jāda' heißt wissen, erkennen, aber im Zusammenhang mit dem Erkennen bei Adam und Eva bezeichnet *‚jāda'* auch die sinnliche und geschlechtliche Liebe von Mann und Frau. Man hat es ins Griechische mit ‚γιγνώσκειν' (gignoskein, erkennen), einseitig über-

setzt. Die Griechen besaßen kein Wort für Sex. Für sie war Eros ein Gott, in dem Liebe und Sex vereint waren, er wurde allerdings immer als Knabe dargestellt, was nicht gerade auf eine reife erotische Beziehung schließen lässt. Also hat man sich auf das völlig widersinnige ‚γιγνώσκειν' festgelegt, das uns ebenfalls im Religionsunterricht stets sehr befremdet hat.

Die Religionslehrer haben herumgestottert, wir Schüler haben uns nicht getraut, darüber zu reden. Wir haben uns gedacht, Maria hat den Mann vielleicht nie richtig gesehen, gewertet, anerkannt, und so musste sie von Gott selbst befruchtet werden. Heute würde ich sagen, wir haben schon ein bisschen geahnt, dass hier eine übertragene Bedeutung, also eine Sublimierung im Spiel sein muss, sonst funktioniert es nicht richtig. Lacan hatte selbst damit ein Problem. Er hatte jahrelang Freud folgend das Vater-Prinzip, den ‚Namen' des Vaters, als Dreh- und Angelpunkt seiner Psychoanalyse herausgestellt, was in eine vergleichbare Richtung geht. Denn es gibt beim Kind eine ‚Identifizierung mit dem Vater als solchen', was eine Liebesbeziehung darstellt, die idealer, übergeordneter (Über-Ich) ist, als die basale Liebes-Leidenschaft für die Mutter.

Aber als Konsequenz der antipatriarchalen 68er-Bewegung stellte Lacan sich um auf den ‚logischen Praktiker', zu dem jeder selbst werden müsste. Denn letztlich war – wie ich schon sagte – das Begehren des Vaters,

„jāda', in seiner Frau versteckt lebendig, und es wurde einfach nicht darüber geredet. Aber über den Vater-Namen geht das nur noch mit Mühe. Doch auch beim ,logischen Praktiker' stellt sich die Frage, wie sollte dabei eine amourös und doch wohl auch sexuell gefärbte Wahrheit herauskommen oder eine solche im Zentrum stehen? Lacan hat es an anderer Stelle besser ausgedrückt, um was es in all dem philosophischen und universitären Gerede und Gequatsche ständig geht und wie man das loswerden kann. In seinen ,Vier Diskursen', zu denen ich in Kapitel 7 ausführlicher kommen werde, zeigte er, dass eine Art autoerotischer Diskurs, eine Selbstliebe, am Anfang steht, und ich liefere die Praxis dazu, wie sie umgesetzt werden muss.

Ergänzend zu Foucault muss ich allerdings schon von vornherein gestehen, dass er mit seiner „Erotik der Wahrheit" selbst wohl nicht ganz klargekommen, ja quasi gescheitert ist, und zwar eben nicht mit seinen brillanten Erklärungen, sondern in der Praxis, wo er sich auf aggressiv homoerotischen Zusammentreffen als einer der Ersten mit Aids infizierte und daran starb. Damals (1984) gab es noch nicht die ein paar Jahre später entwickelten und stets erfolgreicher werdenden Medikamente gegen Aids, aber den Begriff einer Erotik der Wahrheit will ich dennoch aufgreifen. Wird die Wahrheit einem doch sonst nur aufgedrängt und nur pauschal behauptet, niemals wird sie mit Liebe und

Eros vermittelt, wodurch sie glaubhaft und nachhaltig wäre. Nur fragt es sich erneut, wie dies genau geschehen kann, hält Lacan doch die Liebe für eine gegenseitige Spiegelung, die ohne ein bestätigendes Wort nicht zählt. Doch die Erotik der Wahrheit ist ja auch eine Liebe zur Wahrheit, und die muss sich wohl paaren mit einer Wahrheit der Liebe, um Foucaults Ziel doch noch aufrecht erhalten zu können. Um hier weiter zu kommen, gehe ich zuerst einmal auf einen anderen Standpunkt ein.

Scheinbar ganz umgekehrt geht es nämlich bei dem Physiker G. Tonelli zu, der in einer großartigen und daher geradezu erotisch geschilderten Weise in einem neuen Buch die Suche nach der Wahrheit des Lebens aufgreift.[26] Wie der Titel sagt, ist für ihn die Materie eine Illusion, und so blitzt zwischen den Elementarteilchen eine Liebes-Leidenschaft auf, die das einzige ist, auf das man sich verlassen kann, wie der Autor sagt. Tonelli war selbst mitbeteiligt am Nachweis des Higgs-Bosons, des Allerwelt-Teilchen am großen Teilchenbeschleuniger CERN im Jahr 2011. Er geht von den frühen religiösen Vorstellungen aus, in denen man die Materie sich noch im göttlichen Tun entwickeln sah und auch davon, wie die altgriechischen Philosophen, allen

---

[26] Tonelli, G., Die Illusion der Materie, C. H. Beck (2024)

voran Epikur und Lukrez, die ersten Gedanken zum Atom, als einem Ur-Teilchen formulierten.

Nun stellte sich heraus, dass die Gravitation im innersten des Atoms praktisch keine Bedeutung mehr hatte. Dort wirkten eigentlich ungeheure Kräfte, insbesondere die sogenannten Quarks, die als Untereinheiten des Atoms und mit den Zuschreibungen von Masse, Energie und dem Spin als weiterem Charakteristikum, eine Dynamik im Inneren des Atoms herstellen, die um vieles wuchtiger und dramatischer ist als man es vom Universum und seinen Sternen und Galaxien her kannte. Jetzt kam – so sehe ich das – Erotik ins Spiel, denn nun wurde alles Materielle illusionär, es wurde auch um vieles auswegloser im Zirkus von Bosonen, Leptonen, Gluonen, Fermionen und vielen anderen Elementarteilchen, um eine Lösung dafür zu finden, wie man letztendlich die Natur erklären könnte. So elementare Fragen wie die nach dem elementarsten Sein und dem Eros wurden immer dringender und führte Tonelli mit seiner Leidenschafts-Liebe für die Wahrheit in eine Sackgasse.

„In der Allgemeinen Relativitätstheorie wurde die Masseenergie sogar zu einer aktiven materiellen Substanz, die die Raumzeit krümmt und dynamisch mit jeder anderen, beliebig verteilten Konzentration von Masseenergie wechselwirkt. Aber nicht einmal Einstein kam der Verdacht, dass sich hinter dieser so vertrauten

Anschauung etwas weitaus Grundlegenderes verbergen könnte, das uns ein besseres Verständnis dessen ermöglichen würde, wie unser Universum entstanden ist. Um das Standardmodell der Elementarteilchen auf ein solides Fundament zu stellen, musste ein Mechanismus gefunden werden, der die elektroschwache Symmetrie gebrochen, also dem Photon seine Masse entzogen und das W- und das Z-Boson massenreich gemacht hätte", schreibt Tonelli.

Man muss das alles gar nicht ganz verstehen, denn es hätte sicher auch andere Theorien geben können, um den uferlosen Teilchen-Zoo zu vereinheitlichen und zu vereinfachen. All dies hat nur die Physik revolutioniert, aber für was war das Ganze in seiner erotischen Heftigkeit sonst noch gut? Nur für ein paar Fachleute, selbst Tonelli fängt dann an, von dem Problem zu reden, was vor dem Urknall war. Er merkt nicht, dass die Frage falsch gestellt ist. Im Gegensatz zu Epikur und Lukrez gibt es bei den Stoikern und bei Pyrrhon kein vor und danach, man verweilt im Staunen, man ist vom Wirkenden angetan, mehr braucht es nicht. Statt dem Kausalen, dem Sein, sollte das Finale, das Werden betont sein. Auch Foucault ist mit seiner ,Erotik der Wahrheit' wohl in eine schwierige Richtung gegangen, nämlich in den Sex der ,Minus Null', das heißt, dass dieser das einzige war, das letztlich gezählt hat.

Tonelli und Foucault – um es sehr vereinfacht auszudrücken – produzieren eine Gleichung zwischen der
positiven Energie (Masse, Sex) auf der einen Seite und
der negativen Energie (Raumzeit des Gravitations-Fel-
des, Wahrheit des Seins) auf der anderen Seite. Dies
würde als Gesamterklärung für alle physikalischen und
ontologischen und erotologischen Parameter herhalten,
weil diese beiden Energiefelder zusammen eine Null
ergeben würden, und das hieße, dass das gesamte System dauerhaft stabil bleiben würde, sagt Tonelli. Etwas
Besseres als diesen ‚Geistesblitz' könnte man sich nicht
vorstellen, die Physik würde weiterhin die Leitwissen-
schaft sein, dachte er. Dass eine Wissenschaft v o m
Subjekt für den Menschen die wichtigere wäre, würde
ihm nicht in den Sinn kommen.

Vielleicht ist es verwegen und kurios, die Protagonisten
zwei so verschiedener Wissenschaften zu porträtieren.
Doch andererseits ist es ja auch ganz offensichtlich,
dass beide nur Spezialgebiete kennen, also Einseitig-
keiten, halbe Wahrheiten. Warum sollte man nicht den
Versuch machen, sprachliches Material aus beiden zu
nehmen, es aufeinander abzustimmen, zu konglomerie-
ren und mathematisch frei darzustellen. und so ist mein
Versuch mit der ‚Minus Null' gerechtfertigt, ihn als einen Weg zu präziser Wahrheit zu nutzen. Es muss eine
Wissenschaft geben, die eine Leitfunktion für alle Wissenschaften hat.

4. Schizoanalyse

In den letzten Jahrzehnten haben sich wissenschaftliche Veröffentlichungen vervielfacht. In seinem neuen Buch bestätigt der Philosoph W. Eilenberger ähnliche Verhältnisse auch für sein eigenes Fach.[27] Die Philosophen T. W. Adorno, Susan Sontag, P. K. Feyerabend und der gerade im Vorkapitel zierte M. Foucault werden von ihm anhand ihrer vielen Publikationen dargestellt und gleichzeitig bezüglich ihrer zustimmenden und widersprechenden Kommunikationen geschildert. Pluralismus, Rationalismus, Existenzialismus und zahlreiche anderen -Ismen beschäftigen eine ganze Epoche, angefangen von der Nachkriegszeit bis zum Ende der achtziger Jahre. Wiederum wird geredet und geschrieben, und es wird nicht ganz klar, wovon eigentlich. Typisch sublime Hysteriker, die wohl dringend mehr Praxis bräuchten.

Bei den herkömmlichen Psychoanalytikern geht es nicht anders zu. Ständig werden neue theoretische Richtungen eingeschlagen, und wenn es nicht Lacan gegeben hätte, wäre ich verzweifelt. Dabei leisteten und leisten auch heute noch viele Psychoanalytiker gute Arbeit. Es ist ein gut bezahlter Mittelstandsberuf und für die Krankenkassen eine erhebliche finanzielle

---

[27] Eilenberger, W., Geister der Gegenwart, Klatt-Cotta (2024)

Belastung, denn die Therapien dauern nicht selten bis zu mehreren hundert Stunden, die mit 120 Euro nicht schlecht dotiert sind. Mit Lacan ist die Psychoanalyse auch eine Wissenschaft geworden, die vielen Menschen profunde Orientierung geben kann. Aber auch Lacan lebt schon seit vierzig Jahren nicht mehr und sein Erbe hat sich genauso zersplittert und in zahllosen Publikationen verstreut wie die der genannten Philosophen.

Bei diesen bestand außer dem erwähnten Mangel an Praxis ein zusätzliches Problem darin, dass sie immer wieder erkennen mussten, dass sie sich in ihren Elfenbeintürmen versponnen und sich nur mit ihren wohlwollenden oder feindlich gesinnten Kollegen auseinandergesetzt hatten, so dass sie schließlich ganz den Boden der allgemein und aktuellen menschlichen Problematiken unter ihren Füßen verloren hatten. Den Dolchstoß haben diese Philosophen bereits von dem am Ende der sechziger und Anfang der siebziger Jahre ausgebrochenen Studentenprotesten und Straßenrevolutionen bekommen. In diesen Bewegungen wurde in allen politischen, etablierten, universitären und überhaupt auf elaborierten Meinungen beharrenden Organisationen, der Todfeind der menschlichen Gesellschaft gesehen.

Und so versuchten die Philosophen um mehr Aktualität zu ringen, am meisten noch Foucault und Feyerabend. Letzterer schrieb sogar in einem Brief an einen Kollegen, in dem deutlich zum Ausdruck kommt, dass die

studentischen Revoluzzer ihnen zuvorgekommen waren: „Ich habe Cohn-Bendit zu Ende gelesen und bin
voll und ganz seiner Meinung.[28] Er ist gegen Theorien,
so wie ich. Er ist gegen Organisationen, so wie ich. Er
ist gegen ‚Führer' [leader], seien es Professoren, die
‚wissen', oder Generäle, die befehlen, so wie ich. Er ist
für die Freude und gegen das Opfer, so wie ich: ‚Der
wahre Sinn der Revolution ist nicht die Veränderung
der Führung, sondern die Veränderung des Menschen",
zitierte Feyerabend den genannten Rädelsführer Cohn-
Bendit, der später dann doch wieder als gemäßigter Er-
wachsener eine leitende Position bei den ‚Grünen' einnahm.

Eilenberger erwähnt Lacan nicht, der inmitten dieser
Studentenrevolte in einem gewissen Sinne ebenfalls
Partei für die Studenten ergriff und trotzdem pro-
grammgemäß ausgepfiffen wurde, als er in der auf die
Revolte bezogenen, eigens gegründeten ‚universitaire
expérimental des Vincennes' sprechen sollte. Am
Schluss rief Lacan den Studenten zu: „Als Revolutio-
näre sucht ihr einen Herrn, den werdet ihr bekommen"!
Der Spruch bezieht sich wieder auf den Hegelschen
‚Herrendiskurs', den ich später bei den vier Diskursen
noch erwähnen werde, und in dem der ‚Herr' so etwas

---

28 Cohn-Bendit, G., [einer der Hauptagitatoren der 68er Stu-
denten], Linksradikalismus, Gewaltkur gegen die Alterskrank-
heit des Kommunismus, Reinbeck (1968)

wie der erste Sprecher, Herrscher, Bestimmer über sich und andere ist.

Der Herr bei Hegel und Lacan weist deutliche Ähnlichkeiten mit der Vaterfigur auf. Er besitzt zwar nicht diese Vorschusslorbeeren wie der Vater, man nimmt es ihm auch nicht besonders über, dass er in der Frühphase der Menschheit das Wort an sich gerissen hat, und dass er damit, wie schon erwähnt, Mord an der Sache beging. Natürlich hat es das getan, um die Oberhand zu behalten, speziell über alle Frauen, was später die Philosophen – anfangs waren sie gegenüber den Philosophinnen noch in der Überzahl – versucht haben, durch gelehrte Sprüche auszugleichen.

Genau diesen misslichen Zustand der Philosophie wollten auch der Philosoph Gilles Deleuze und der Psychoanalytiker Felix Guattari – ebenfalls zur Zeit der Studentenproteste – in ihrem Buch ‚Antiödipus' beseitigen. Nicht Papa und Mama sollten diese heikle ödipale Situation, in der der Sohn die Mutter begehrt und den Vater umbringen will, hervorgerufen haben, sondern das Komplott aus Kapitalismus und Schizophrenie.[29] Damit sollte auch das bisher psychisch Nicht-Repräsentierte im Diskurs und in der Therapie zugänglich

---

[29] Der Kapitalismus mache die Menschen zu Schizophrenen, die wiederum den Kapitalisten in seinem Geschäft stören würden, womit das damit eingebundene Kind nur schlecht groß werden kann.

und behandelbar werden. Das war nun wirklich ein Konzept vor dem Hintergrund der ‚Minus Null'. Zumindest hatte es die Wucht, die speziell in der Zeit der 68ger Revolte gebraucht wurde. Doch ich sage es gleich von vornherein: es war wiederum kein durchschlagender Erfolg.

Ganz unlogisch ist diese Aussage über den Zusammenhang von Schizophrenie und Kapitalismus nicht, aber für eine praktische Umsetzung lagen diese beiden Thematiken und Schwerpunkte viel zu weit auseinander. Auf jeden Fall war Marx keine Lösung für die psychische Erkrankung und Freud ebenso nicht für die gesellschaftlich-politischen Probleme von Geld und Kapital. Trotzdem habe ich die beiden Autoren, Deleuze und Guattari erwähnt, weil sie diese gewaltigen Phänomene wie Schizophrenie und Kapitalismus als einstimmiges Geschehen den Menschen herüberzubringen versuchten. Sie wollten zeigen, wie es geht, eine Eins (Kapital) zu produzieren, die eine Null repräsentiert für eine andere Eins (Psychose), woraus wieder der Spruch Lacans mit dem Signifikanten herausklingt, der ein Subjekt für einen anderen Signifikanten darstellt, was alles eine Art von ‚Einstimmigkeit' darstellen sollte.

Schon in dem 20ger Jahren des letzten Jahrhunderts haben die Analytiker W. Reich und E. Fromm diesen ‚Freudo-Marxismus' in dieser Weise befeuert. Im Grunde genommen geht es um die Situation, die in der

Psychoanalyse, bzw. in der psychoanalytischen Sitzung vorherrscht. Dort sind nämlich beide, der Psychoanalytiker und sein Analysand (Patient, Klient) die jeweiligen Einsen, die füreinander eine Null repräsentieren, denn keiner weiß irgendetwas vom Andern und stellt auch genauso nicht irgendetwas – keine These, Frage, Begriff, Anspruch, etc. – in den Raum. Es verhält sich tatsächlich so, als säße ein Schizophrener einem Kapitalisten gegenüber, und beide sollen miteinander reden, und zwar alles, was einem unmittelbar in den Sinn kommen würde. Wenn man so in einer psychoanalytischen Behandlung ein paar hundert Stunden zusammengesessen ist und geredet hatte, konnte es gut sein, dass der Null-Eins Abstand geklärt und annähernd geregelt war.

So gesehen könnte die Psychoanalyse auch als eine Annäherung an eine Wissenschaft v o m Subjekt gelten, eine diesbezügliche klare Definition gelingt allerdings in den meisten psychoanalytischen Sitzungen natürlich nicht, und schon gar nicht hätte dies zwischen dem Schizophrenic Kranken und dem Kapitalisten, also zwischen Freud und Marx funktioniert. Denn dort, wo ja nicht die Physik und auch nicht Gott oder die banalen Zahlen die Hauptrolle spielen, herrscht einerseits Freuds ‚Sexualtheorie‘ vor, und die kann man hinsichtlich der ‚Minus Null‘ nur als die frigide Partnerin verstehen, die das Negativum, den absoluten Mangel in die

Beziehung einbringt. Frigidität ist allerdings kein Hindernis zum Erfolg, denn es gelingt dann zwar vielleicht nicht der Akt, dafür aber die Beziehung.

Der Akt gelänge möglicherweise in der Marxschen Revolution (auch wenn die Pariser Kommune gescheitert ist), doch fühle mich in all diesen Vergleichen hinsichtlich meines Konzepts der ‚Minus Null' auch im sonstigen Leben und all den sonstigen Beziehungen bestätigen. Denn kein Antrieb, kein Stimulans ist so stark, wie der absolute Mangel, das doppelte Minus, das Hindernis, durch das man nicht gleich zur totalen Eins kommt, zum abgerundeten Ganzen. Doch konkret gibt es diesen absoluten Mangel nicht, man muss sich schließlich nur vorstellen, dass nichts mangelt, dass es keinen Mangel gäbe: tatsächlich wäre das Leben grauenhaft. Es wäre nicht nur total langweilig, weil nichts zu tun wäre, es würde auch nicht an Gedanken mangeln, denn alles wäre schon gedacht.

Und selbst Lust, Genuss, Freudiges und Sexuelles würde nicht mehr auszuhalten sein, weil es einen Höhepunkt verlangt, der abreagiert, gelöst, zur allgemeinen Homöostase, Gleichgewichtung, Ausgeglichenheit wieder in die Mangelsituation heruntergefahren werden müsste. Vor einer mangellosen Welt würde man also Angst bekommen, so wie man sich vor etwas Nicht-Existenten fürchtet, wenn einem Glauben gemacht wird, es existiere doch, weil es eben nicht mangelt, wie im

Falle von Gott zum Beispiel. Er mangelt nicht, aber er erfüllt auch keine Wünsche und bewirkt nichts Konkretes, doch dadurch kann man glauben, denn er bietet Nullen und normale Einsen, er bietet, dass man mit ihm rechnen kann, obwohl doch die Mathematik so ungeklärt und weltfremd ist.

Der Mangel, das Fehlen, das Minus als abnormales ist notwendig, und glücklicherweise ist der Mensch primär solch ein Mangelwesen. In diesem Sinne trauert man beispielsweise auch nicht um einen, der einem mangelt, der einem verloren gegangen ist, sondern um den, „dessen Mangel man selber war", dem man also nicht mehr genügend fehlen kann, in dessen Lücke man jetzt ohne ihn bleibt, wie Lacan das Wesen des Mangels konstatierte. Damit lässt sich auch das psychisch, seelisch, elementar Unbewusste verstehen, das für die Psychoanalyse im Zentrum ihrer Wissenschaftlichkeit stehen sollte. Es hat scheinbar mehr mit dem oft fehlenden Subjekt zu tun als mit den sich stets in den Vordergrund drängenden Objekten, die einem schnell schal werden und deren ständiger Gegenwart man überdrüssig ist, obwohl man sie leidenschaftlich begehrt.

Nun ist es genau meine Intention, gegenüber den vielen Objekten ausschließlich das Subjekt in den Vordergrund zu stellen und es wuchern, es sich ausbreiten und in extreme Höhen oder Tiefen gehen zu lassen, aber eben nicht durch Reden und Schreiben, sondern als *Es* selbst. Der Begriff des *Es* stammt von dem Nervenarzt G. Groddeck, für den alle Krankheiten psychosomatisch waren, also gleichermaßen psychisch und körperlich verursacht.[30] Nun hört sich *Es* auch als ein Mangelwesen an, von selbst wird *Es* nur in Symptomen sichtbar, aber auch nur in den Zeichen, in den Signifikanten, die selbst so mangelhaft sind. Die ganze Sprache ist mangelhaft, sie ist nie präzise genug, weil ihre Elemente, die Signifikanten zu gegensätzlich sind.

Daher nochmals eine Erklärung von Lacan dafür, die vielleicht einleuchtender ist als das, was ich bisher zu den Signifikanten geschrieben habe. „Nehmen Sie zur Verdeutlichung dieses Axioms [der Signifikanten] an, Sie entdecken in der Wüste einen Stein, der mit Hieroglyphen bedeckt ist. Sie sind keinen Augenblick drüber im Zweifel, dass ein Subjekt dahintersteckt, das der Urheber der Hieroglyphen war. Es wäre aber ein Irrtum zu glauben, dass jeder Signifikant sich an Sie richte – der Beweis dafür ist, dass Sie nichts verstehen" (ich erinnere an die ‚fra due fuochi‘, das Ausgeliefertsein an zwei Signifikanten, die besonders intensiv etwas aussagen, aber man ist selbst in ihre Spaltung eingebunden).

„Vielmehr", so Lacan weiter, „definieren Sie die Hieroglyphen als Signifikanten, weil Sie sicher sind, dass jeder einzelne Signifikant sich auf jeden anderen

---

[30] Groddeck, G., Das Buch vom *Es*, Ullstein (1988)

bezieht". Sprache ist wie gesagt von in sich selbst gegensätzlichen, ja manchmal bis zum Widersprüchlichen gehenden Objekten, Signifikanten, Sprüchen durchsetzt. „Und genau das ist es auch", so Lacan, „worum es beim Verhältnis des Subjekts zu Feld des *Anderen* geht".[31] Es gibt da eine von Grund auf bestehende, eine substanzielle Crux mit der Sprache, mit jeglicher Kommunikation, auch mit der in der Sexualität und auch mit dem Tod. Man befindet sich ständig im Wald der unverständlichen Hieroglyphen. Aber die kann man ja auch entziffern, und zwar nicht nur so umständlich wie in der herkömmlichen Psychoanalyse als Zeichen für Zeichen, Buchstabe für Buchstabe, sondern als direkte Praxis mit der Übersetzungsmaschine, die jeder in sich hat und die auch dem Sterben innewohnt.

Und das ist nicht die Schizoanalyse, wie Deleuze und Guattari ihre Therapie nannten, und auch nicht die künstliche Intelligenz, sondern das von mir entwickelte Verfahren der *Analytischen Psychokatharsis*. So gut es vielleicht erdacht war, das Begehren nach immer mehr und mehr Geld (Kapitalismus) oder mit dem Springen zwischen zu vielen Gedanken (Schizophrenie) in Zusammenhang zu bringen, das Verbinden von schlechtem Verstehen mit gutem Begreifen bringt mehr. In der *Analytischen Psychokatharsis* führen schlecht zu

---

[31] Lacan, J., Seminar XI, die vier Grundbegriffe der Psychoanalyse, Walter-Verlag (1978) S. 208

verstehende Formulierungen, indem sie in einem einzigen Schriftzug mehrere Bedeutungen aufweisen, je nachdem von welchem Buchstaben aus man sie liest, zu einem guten Begreifen, wenn man diese Formulierungen meditiert. Ich erkläre dies weiter.

Denn wie bei der Entschlüsselung der Hieroglyphen – gelungen durch J.-F. Champollion mittels des Steins von Rosette – bringt die Übersetzer-Maschine des Unbewussten in einer Meditation die zugrundeliegende Wahrheit ans Tageslicht und verwandelt die ,Minus Null' in Null und Eins. Endlich kann man wirklich rechnen, indem man die Voraussetzungen dafür geschaffen hat. Es hat keinen Sinn mit irgendwelchen äußerlichen Wissenschaften anzufangen, wenn man nicht vorher mit der Wissenschaft v o m Subjekt, mit der eigenen inneren Wissenschaft, der, die ,der Liebe unterstellt ist', begonnen hat. Das ist die wesentliche Aussage, die Lacan in seinen über zwanzig Seminaren geäußert hat. Die wahre Kombination des Wort- und Erscheinungs-Wirkenden kann man zuerst nur in sich selbst und nur mit wissenschaftlich begründeter Methodik bestätigt finden.

Damit wird auch klar, was ich noch weiter ausführen will, dass diese Liebe eine zum Unbewussten ist, zum *Anderen*, zum Eigenen und Einzigen, der/das einem wirklich etwas sagen kann. Ich bin nach wie vor in der Bredouille reden und schreiben zu müssen, obwohl ich es nicht leiden kann. Aber wie könnte ich die Menschen zur ‚Einstimmigkeit' bringen? Meine allgemeinmedizinischen Patienten wollten nicht unbedingt etwas über Psychologie hören, die psychisch Kranken kamen wegen meiner Zulassung zur Psychoanalyse zu mir, sie wollten nicht plötzlich etwas über die *Analytische Psychokatharsis* erfahren. Ich musste erst Vorträge halten und Bücher schreiben.

5. Ein Mensch, zwei Geschlechter?

Bevor ich endlich zur Darstellung der sprachbezogenen Praxis kommen will, noch etwas zur heutigen Genderdebatte, um die man nicht herumkommt, möchte man etwas Grundlegendes bewerkstelligen. Denn darum soll es nach wie vor gehen, um eine neue Wissenschaft, die jedoch der Liebe und nichts anderem unterstellt ist, und wozu freilich das Wesen von Mann und Frau, männlich und weiblich, in all ihren Mischungen und Verschiedenheiten geklärt sein muss. Freud hatte festgestellt, dass es ohnehin nur ein Geschlecht gibt, das, das sich in der ‚phallischen Phase' um das dritte bis fünfte Lebensjahr herum bei Knaben und Mädchen in gleicher Weise äußern würde. Das klingt zwar mehr männlich, betrifft in diesem Alter aber nicht das genitale Geschlecht, sondern etwas mehr zu einer Abreaktion Drängendes und Begehrliches, das bei allen gleich ist.

Erst mit der Pubertät ändert sich die Dynamik und entwickeln sich eigene männlich-weibliche Aspekte. Lacan beharrt bezüglich dieser Problematik und bezogen auf das Reden und Schreiben beispielsweise darauf, dass „der Buchstabe eine feminisierende Wirkung hat". Briefe, Tagebücher, Texte mit Gefühl und Empathie gelesen und geschrieben seien eine Domäne der Frau. Der Mann dagegen verliere mit dem Schreiben etwas von seiner Manpower. Im Sprechen sei er viel besser, könne seine markige Stimme nutzen und sich in Szene setzen. Schließlich ergänzt Lacan seine Aussage auch noch dahingehend, dass das „Geschriebene das Genießen (Jouissance) ist", während das Sprechen der Lust (Plaisir) zugehört.[32] Die Frauen würden den fließenden Rhythmus genießen, behauptet Lacan, sie sind im Fluss des Lebens, der Menses, der Geburten, der Familienfeste und der wechselnden Thematiken des gefühlten Daseins mehr zu Hause als die Männer.

Dem gegenüber ist es männlicher Ausdruck die Lust abzureagieren, sich in der Rede groß zu tun und stimmlich zu dominieren. Lacan palavert in dem zitierten Seminar XVIII weiter um die Beziehung von Sprache, Sprechen, Buchstabe, Schreiben und Kalligraphie weiter herum, um zu verstehen zu geben, dass es zwischen dem Pläsir und seinem sexuellen Charakter und der sublimierten, also der mehr verfeinerten Art des Genießens, der Jouissance, noch so etwas gibt, was er – Freud und seiner Theorie folgend – das „sexuierte" Verhältnis nennt.

Dies ist immer missverstanden worden als ein unerschöpflicher Sexualtrieb, aber in Wirklichkeit hat es mehr von schwärmerischen und infantilen Trieben an sich als vom rein Sexuellen. *Es* steckt ein urwüchsiges

---

[32] Lacan, J., Seminaire XVIII, Edit. Seuil (2006) S. 129

Begehren dahinter, das zwar den Anfang macht und in allen menschlichen Beziehungen einen bestimmenden Hintergrund darstellt. Das grundlegende Begehren ist aber kein Bedürfnis und auch nicht biologischer Trieb, sondern das Begehren, das durch das Einwirken der Sprache, das durch 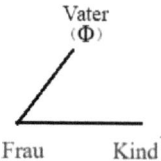 Worte, durch Wort-Wirkendes, „sexuiert", triebbezogen animiert und erotisiert worden ist. Es taucht nämlich zuerst in seinen infantilen Formen auf, die schwer zu beschreiben sind, wenn sie in der Nomenklatur der Erwachsenen formuliert werden.

Doch wenn das Kind erst mit etwa zwei Jahren anfängt zu sprechen, hat es schon vorher Sprachfähigkeit, Sprachfrühformen, Plappern und Ähnliches in sich entwickelt. Zwar sind diese noch ganz stark in die Beziehung zur Mutter eingebunden, man könnte auch sagen ‚eingeschrieben', wobei diese Art von Schrift schon ein paar libidinöse Buchstaben – so der psychoanalytische Ausdruck – des Vaters bei der Mutter deponiert hat, ein paar von der Mutter zum Kind und wieder umgekehrt. Doch das Beziehungs-Dreieck Vater-Mutter-Kind ist nicht ganz geschlossen (siehe Abb. unten nebenan).

Für die Beziehung Kleinkind-Vater gibt es nur Metaphern oder Vermutungen, von denen noch die beste diejenige ist, die über die Mutter vermittelt wird, indem sich der Vater dort – wie erwähnt – schon in einer für beide Geschlechter unterschiedlichen Weise eingenistet hat, und zwar schon zu einer Zeit, als er für das Kind noch wie eine zweite (und auch zweitrangige) Mutter agiert. Aber er wirkt schon als das Wesen, das versteckt das Symbol des Begehrens (griechischer Buchstabe Phi, Φ, für Phallus) insinuiert, ausstrahlt und bedeuten kann. Eben davon lässt der Vater nicht viel wissen, es ist ihm selbst oft unbewusst, und unbewusst wirkt es sich auch in der Familie, und so auch in der als patriarchal bezeichneten Gesellschaft aus.

Für den Jungen wird er so zum manchmal rätselhaften, wenn auch mannhaften Anderen, mit dem man auch rivalisieren muss, wie es im Ödipus-Vorbild als Mahnung verlautet worden ist: rühr die Mutter nicht an, hab kein die Mutter betreffendes Begehren. Sieh dich woanders um. Für das Mädchen wird er zu einem eher geschlechtslosen Standbild, das Schutz und Sicherheit bietet, aber kaum Informationen bietet, wie man einmal als Frau zu werden hat. Es gibt kein Gratifikations- oder Beglaubigungs-Schreiben, das dem Mädchen die Orientierung leicht machen würde, was es überhaupt heißt, eine Frau zu sein. Auch es muss sich selbst umsehen.

Nun habe ich mich doch wieder auf das Schreiben eingelassen, sogar sehr intensiv und mit einem wissenschaftlichen, psychoanalytischen Anspruch versehen. Doch da liegt wohl das Problem: in einer bestimmenden, nicht gerade apodiktischen, aber doch belehrenden

Sprache, traue ich mich offensichtlich schriftlich auszudrücken. Ein dahinterstehender Intellekt stützt und
befeuert mich und so mache ich das, was ich gar nicht
will. Ich schließe daher das Kapitel möglichst bald ab,
es ist mir nicht gelungen mit den Nullen und Einsen und
‚Minus Nullen' etwas Konkretes, Effektives zu reden
und zu schreiben. Und dass der Mangel fehlt, dass man
die ‚Minus Null' sich eigentlich herbeisehnt, habe ich
genug herausgestellt. Deswegen ist nichts klarer geworden, aber ich will es mit mehr Praxis, mit direkter
Praxis, versuchen.

Das würde von dem dauernden Theoretisieren in Form
des Redens und Schreibens etwas wegführen. Ich
könnte nochmals das Thema der ‚Sexuierung' aufgreifen, da findet doch Praxis statt, vielleicht sogar die Praxis einer Selbstanalyse, wie ich sie im Untertitel des
Buches angekündigt habe. Denn das Ziel, das ich in
diesem Buch anvisiere, ist die praktische Erfahrung als
Erkenntnis, Reife und Wissenschaft – speziell also eine
solche v o m Subjekt, die man den sogenannten objektiven Wissenschaften als mindestens gleichwertig ge-
genüberstellen muss. Wer, was, war zuerst da? Es gibt
keine Antwort, die Frage ist wohl falsch gestellt. Aber
natürlich steht das Subjekt und nicht etwas Gegenständliches im Zentrum einer der Liebe unterstellen
Wissenschaft.

Diese sogenannte „Sexualisierung besteht wesentlich darin, dass das, was aus der Sprache hervorgehen müsste, nämlich dass das sexuelle Verhältnis auf irgendeine Weise darin geschrieben werden kann, eben sein Scheitern zeigt, und zwar faktisch – es ist nicht schreibbar".[33] Es ist aber auch nicht wirklich sagbar, selbst Lacans brillantes Sprechen reicht dazu nicht aus. Also liege ich richtig, wenn ich mich auf dem Weg zu einer konstruktiven Praxis begeben will. Was Lacan sagt, heißt, dass das Verhältnis der Geschlechter, das Verhältnis von Mann und Frau, nicht verifizierbar, nicht logisch erklärbar ist.

Es lebt nur in Form einer Scheinexistenz – also hell scheinend, strahlend, aber existent nur dem Schein, dem Anschein nach. Anders gesagt: „Die Sprache kann vom sexuellen Verhältnis keine Rechenschaft abgeben . . . insofern sie beim Aufschreiben von etwas, was . . . das sexuelle Verhältnis wäre, als es die beiden Pole in ein Verhältnis brächte, die beiden Terme, die vom Mann und von der Frau her tituliert werden würden, insofern dieser Mann und diese Frau Geschlechter sind, die als männlich beziehungsweise als weiblich spezifiziert sind – bei wem, bei was? Bei einem Wesen, das spricht, anders gesagt, das, indem es die Sprache

---

[33] Lacan, J., Seminaire XVIII, Edit. Seuil (2006) S. 65

bewohnt, dazu gelangt, davon den Gebrauch zu machen, der im Sprechen besteht".[34]

Nochmals bestätigt Lacan also, dass man nicht nur
nichts davon schreiben kann, man kann auch nicht gelungen davon sprechen, obwohl Schriftsteller aller
Couleur es immer wieder mit äußert lächerlichen Bemerkungen versucht haben. Wohl aus diesem Grund
hielt Lacan seine Vorträge immer freisprechend, flüs-
sig, ohne Skript, weil er so behaupten konnte, er fühle
sich so wie im Liebesakt, ohne große Hemmungen, lo-
cker, gelöst. Er zitierte das Königspaar, das früher eine
solch starke Position innehatte, das so imposant und
statuarisch war, dass es für die Wahrheit des geschlechtlichen Verhältnisses per se gelten konnte, weil
dessen ‚sexuierte‘ Form auch ohne Freud'sche Weisheit klar, rein und vorbildlich war, dass man nichts
mehr dazu sagen musste.

Doch das Verhältnis der Geschlechter im Fall der modernen Royals zeigt, dass – vielleicht sogar gerade
heutzutage – in dieser besonders ‚verstaatlichten‘ Form
des Liebesspaares am wenigsten Vorbildhaftes passiert. Selbst die Frau, meinte Lacan, könnte ihr Sein nur
außerhalb dieser Verstaatlichungs-Gesetze gründen,
die ja nichts anderes als vom Herren-Signifikanten,
vom Herrendiskurs, begründete ‚Ge-Sätze‘ sind. Exakt

---

[34] Lacan, J., Seminaire XVIII, Edit. Seuil (2006) S. 132

von daher erscheint die Stellung der Frau besonders hintergangen, düpiert und preisgegeben, so dass ihr nichts anders übrigbleibt, als sich an ihr Unbewusstes zu wenden, an die ihr eigene ‚Sexuierung‘, die völlig anders aussieht, als die des Mannes, des Herren, der den Standard-Diskurs dominiert.

Ich will später noch auf die Diskurse (vier an der Zahl) eingehen, die Lacan – bezogen auf den Philosophen G. F. W. Hegel – in seinem XVII. Seminar erörtert hat, und wo es auch um diesen eigenen Diskurs der Frau geht. Eigentlich wollte Hegel schon dazu etwas Gescheites vermitteln, er wollte eine Dialektik der Liebe schreiben, doch ist ihm dazu nichts eingefallen. Kein Wunder, er war konservativer Staatsphilosoph, und so hat er nur eine Dialektik der Geschichte verfasst, in der der sogenannte Herren-Diskurs mit seinem Herren-Signifikanten dem des Knechtes gegenüberstand, den Marx dann zum Kapitalisten/Proletarier Disput weiter ausformuliert hat. Doch ein paar Jahrzehnte später hat Freud den Job übernommen, um eine Dialektik der Liebe zu formulieren.

Er hat die neurotischen Frauen bis zum Geht-Nicht-Mehr reden lassen und festgestellt, dass die Frau nicht in die Rolle des Hegelschen Knechtes passt, genauso wenig wie in die der Royals. Es gibt allerdings noch eine andere Königin, die vielleicht doch etwas zur Klärung der weiblichen ‚Sexuierung‘ beigetragen hat als die meisten anderen, nämlich die schwedische Königin Christina (1624-1689) und ihre Liebhaber. Ihre Biographin schildert die Königin als sexuell sehr liberal, gegen eine Verheiratung hat sie sich lebenslang erfolgreich gesträubt. Auch den Philosophen R. Descartes hat sie nach Stockholm geladen, um von seiner Philosophie zu hören. Nach ein paar Treffen kam es in einer Januarnacht 1650 noch dazu, dass Descartes auch seine Fähigkeit als Liebhaber beweisen sollte. Ob es ihm gelungen ist, weiß man nicht so genau. Jedenfalls musste Descartes, der ein berüchtigter Langschläfer war, nach Philosophie- und Liebesstunde schon im tiefsten Winter um fünf Uhr morgens das königliche Schloss wieder verlassen.

Schließlich sollte nicht irgendein Lakai ihn beim Hinausgehen beobachten, und so stapfte Descartes bei Minustemperaturen in sein Domizil nach Hause. Dort kam er jedoch schon sehr erschöpft an und erkrankte an einer Lungenentzündung. Damals gab es noch kein Penicillin oder andere Makrolide, die die Erkrankung schnell geheilt hätten, und so starb der berühmte Philosoph nach einigen Tagen in der Fremde. Einige Politikjongleure behaupteten, es habe eine Arsenvergiftung vorgelegen, denn die Schweden fürchteten, Descartes könnte die Königin zum Katholizismus bekehren. Aber in Wirklichkeit starb er an den Waffen der Frau, die das phallische Pläsir des kopfbesessenen Mannes – wohl durch den amourösen Praxistest – entnervte und ihn so zur Strecke brachte.

Dadurch kommt viel besser heraus, inwiefern ein königliches Paar die Wahrheit des menschlichen Geschlechtsverhältnisses demonstrieren kann, nämlich, „dass es nicht unmöglich ist, dass der Mann nicht existiert, indem vom Realen her die Frau Beziehung zur (symbolischen) Kastration hat. Es ist auch nicht unmöglich, dass die Frau Beziehung zur phallischen Funktion hat". Das sind Lacansche Spezifikationen, die besagen, dass die Frau den Mann hinsichtlich seiner Potenz zappeln lassen kann, aber sie kann auch, wie es eben wohl die Königin Cristina handhabte, selbst potenter sein als der Mann.

Das vorhin schon kritisierte ‚Ich denke, also bin ich' hat Christina schnell durchschaut und ersetzt durch: ‚Ich habe ein sexuelles Verhältnis, also bin ich nicht.' Das hat die Königin den Philosophen spüren lassen, das hat ihn symbolisch entmannt, aber es hat für beide gegolten. Der ‚relation sexuelle, wie es Lacan nennt', der Beziehung der Geschlechter, wohnt – wie ich schon betonte – ein Anschein inne, ein heller Schein, den man für großartig, ‚plaisirante' hält, anstatt nach dem ‚jouissante' Ausschau zu halten. Da liegt der Fehler, man ‚kastriert' sich selbst oder den anderen, wobei es in der Natur der Sache zu liegen scheint, dass es den Mann härter trifft. Aber die Frau kommt nicht besser davon, sie muss die Unsicherheit darüber aushalten, was denn nun ein Geschlechtsverhältnis wirklich ist. Egal, ob das jetzt alles geschrieben oder gesagt wird, oder ob es gar in der ‚sexuierten' Praxis bestätigt wird.

Denn es geht um einen unbewussten Kampf, der sich um die Dominanz des Genießens dreht, das letztlich unklar bleibt. Deswegen der Kastrationskomplex wie Freud es bezeichnete, wenn man, wie auch im Leben sonst, sich gegenseitig durch den Anspruch – hier den Anspruch auf erotische Gültigkeit – eher behinderte, als förderlich war. Der Liebesakt, meinte Lacan daher, gehe immer daneben, er sei ein Patzer., ein Murks. Das erotisierte Subjekt vermittelt sich auf jeden Fall nicht genügend objektiv, es hat nicht genügend Sein, ist nicht stimmig. Es sei falsch – so Lacan nochmals hinsichtlich Descartes, wie dieser zu sagen „Ich denke, also bin ich". Denn – wie schon erwähnt – von da aus, wo man dies sagen kann, kann man es nicht sein. Descartes vergisst, dass er spricht, dass er im Sprachmodus ist, im online Modus, von dem aus gesehen jeder Satz, auch der dümmste, Sinn hat.!

Ich habe ja bereits geschildert, dass „die Sprache vom sexuellen Verhältnis keine Rechenschaft abgeben kann", denn wo es sich um die Wahrheit der sexuellen Beziehung handelt, die in „würgenden Geräuschen und Stille" dahingeht, wie es die Nobelpreisträgerin E. Morrison einmal beschrieb, wird der Scheindiskurs samt Scheinlogik erst recht brisant. Der Mann kommt immer zu früh oder auf dem Höhepunkt seiner Angst, heißt es. Und indem er nicht mehr weiter weiß, geht es in diesen sexuell genannten Begegnungen also stets daneben. Auch wenn es für die Fortpflanzung gerade noch genügt, für das Wesen, die Wahrheit, die Diskurstatsache der sexuellen Beziehung, bleibt es – so Lacan – eine ‚Freud'sche Fehlleistung'.

In der Frankfurter Allgemeinen Sonntags Zeitung vom 7. 10. 2018 waren unter dem Titel ‚Schlechter Sex' einige Beispiele veröffentlicht, die die sexuelle Beziehung beschreiben, so von F. Schätzings ‚Lautlos', B. Kirchhofs ‚Die Liebe in groben Zügen', P. Coelhos ‚Brida', T. Manns ‚Lotte in Weimar', J. Franks ‚Die Mittagsfrau' bis zu J. Franzens ‚Freiheit' sowie noch etlichen anderen Literaturgrößen. Es wurden kurze Auszüge der Aktszenen textgetreu dem Leser vorgelegt: alles grauenvoll, peinlichst in ihrer Albernheit, künstlich durchwirkte Lachnummern, voll von spürbarer belletristischer Anstrengung, um die Verwindungen und das Aneinanderhaften der Körper völlig unauthentisch und vor allem speziell aus männlicher Perspektive zu vermitteln. Na ja, die Frauen können das vielleicht auch nicht, Lacan meinte ja, den Frauen fehle dazu etwas am „symbolischen Material", sie fänden also überhaupt die rechten Worte zum Eros nicht so zuverlässig, weder literarisch noch pragmatisch. Aber vielleicht wollen sie auch vom Sex nicht alles wissen oder liegt es nur an der „Unbekümmertheit (‚impudence‘) ihres Redens"? [35]

Zumindest geht es zum Beispiel bei den Transgendern um etwas Analoges, Ähnliches, wie ich es mit den holprigen ‚Sexuierungen‘ und deren ‚impudence‘ angedeutet habe. Die Transgender betonen gerne, dass die Ursache für ihr Leiden angeboren oder innerlich fixiert sei. Doch gerade das ist eher unplausibel, während es dem Unbewussten zuzuschreiben, wie man sich geschlechtlich orientiert, eher passen könnte. Schließlich hat Freud bewiesen, dass das Unbewusste die Unterscheidung Mann / Frau nicht kennt. Es könnte aber nicht *am*, sondern höchstens *im* Unbewussten liegen, wie die entscheidende ‚Sexuierung‘ ausfällt, und zwar an dem Zusammenwirken des Erscheinungs- und Wort-Wirkenden. Lacan schreibt, dass der sogenannte ‚kleine Unterschied‘ eine Wort-Wirklichkeit ist, ein Wortspiel mit den kleinen Äußerlichkeiten. Wenn man aber das Geschlecht wechseln will, muss „man einen Preis auf diesen ‚kleinen Unterschied‘ zahlen, der durch Vermittlung des Organs auf trügerische Weise ins Reale übergeht, und zwar dadurch, dass es aufhört für ein solches gehalten zu werden, wobei es zugleich enthüllt, was es heißt, ein Organ zu sein, nämlich, dass

---

[35] Schindler, R., Ein Liebesbrief Lacans an die Frauen, in ‚Lacan-entziffern.de‘ vom 11. 10. 2018

es sich doch sehr erheblich auf die Wort-Wirklichkeit gründet". Und weiter:

„Der Transsexuelle will das Organ nicht mehr als Wort-wirklichkeit und erliegt so einem ganz gewöhnlichen Irrtum", indem er die Bild-Wirklichkeit des Genießens und der Lust total von der Wort-Wirklichkeit der Nominierung, Substantiierung, als Mann oder Frau trennt. „Er will durch den sexuellen Diskurs, der – wie ich behaupte – unmöglich ist, nicht mehr witzhaft durch den ‚kleinen Unterschied' definiert, erfasst, bestätigt und nominiert werden".[36] Deswegen versucht er den Diskurs durch eine Verwandlung zu erzwingen. Und deswegen sagt er, dass es ihm generell um Identität geht und behauptet, dass Gene, Gehirn oder einfach eine innere Überzeugung ihn dazu gezwungen haben und nicht eine Verschiebung des Erscheinungs- und Wort-Wirkenden.

Nach Lacan ist der Transgender sozusagen humorlos und kann das Wortspiel, den Wortwitz mit dem ‚kleinen Unterschied' nicht mitmachen. Er kann darüber nicht lachen. In vielen asiatischen Ländern gibt es oft mehr als vier oder fünf Geschlechts-Identitäten, aber sie haben alle etwas leicht Obsessionelles, Affektioniertes an sich. Einer der ersten Psychoanalytiker, der mit Freud eng korrespondierte, war interessanterweise

---

[36] Lacan, J., Seminar XIX vom 8. 12. 71

der Inder G. Bose. Er entwickelte im Gegenzug zu Freuds Definition des Ödipuskomplexes den Komplex der „gegensätzlichen Wünsche" (opposite wishes) oder Affekte. Der von Freud konstatierten ‚Kastrations- angst' des Knaben setzte er zum Beispiel den „unbe- wussten Wunsch des Mannes eine Frau zu sein" gegen- über und dem sogenannten Freud'schen ‚Penisneid' der Frau den „unbewussten Wunsch, ein Mann sein zu wol- len." Diese unbewussten Wünsche mussten dann vom Therapeuten dem Patienten bewusst gemacht und mit der äußerlichen Situation versöhnt werden.

Bei Bose verhielt es sich – was die Transgenderproble- matik angeht – jedoch oft umgekehrt. Während bei uns im Westen die Tendenz besteht, dass sich heute mehr und mehr Menschen als im falschen Körper aufge- wachsen fühlen, zwang Bose seine Klienten, die meist nicht transsexuell waren, ganz intensiv mit dieser Iden- tität des anderen Geschlechts zu verschmelzen, was oft negative therapeutische Reaktionen hervorrief. Vielen konnte er aber auch helfen, was letztendlich zu der glei- chen Geltendmachung führt, wie ich sie oben erwähnt habe. Die Soziologin G. Lindemann, die eine ausführ- liche Dokumentation zur Transgenderproblematik schon in den Neunzigerjahren des letzten Jahrhunderts vorgelegt hat, schreibt sehr klar, dass die Transgender genauso wie die anderen Menschen das sein wollen, was in deren Augen eben nicht nur Geschlechtliches, sondern Sein in jeglicher Hinsicht ist:

„Wir alle sind Frauen oder Männer, indem wir den Eindruck erwecken, wir seien es. Wenn ich das Haus verlasse und einen Nachbarn grüße, tue ich das, ohne darüber unbedingt nachdenken zu müssen auf eine Weise, die für alle glaubhaft macht, ‚eine Frau verlässt das Haus‘. . . . Bei Transsexuellen wird folglich nur die Reflexivität sichtbar, die auch für das Frau- bzw. Mannsein von Nichttranssexuellen konstitutiv ist“.[37] Oder anders ausgedrückt: latent sind wir alle Transgender, wir sind aber mit dem uns angeborenen und sozial weiter formenden Geschlecht (gender) wohl einigermaßen zurande gekommen und brauchen deswegen keine Veränderung und Diskussion darüber. Noch idealer hat es T. Schachl formuliert, wenn sie die Bewegung beschreibt, die „in verschiedenen Stadien der Sichtbarkeit: von der Diagnose Transgender über die präoperative transsoziale Phase des Outings und des Ankommens im gewissermaßen unsichtbaren Ganz Normalen“ verläuft.[38]

Obwohl Schachl „Metapher Forscherin“ ist, Fachfrau für die Phoneme, erkennt sie, dass die Transgender-

[37] Lindemann, G., Das paradoxe Geschlecht, Fischer (1993)
[38] Schachl, T., Transsexuell, eine sichtbare Bewegung ins Unsichtbare, Profil (1997)

problematik in „der Betonung von ‚Sehen‘, ‚Sichtbarkeit‘ und ‚Bildern‘ [also an der Inflation von Pixeln],
liegt. Sie spricht vom ‚Banner der Sichtbarkeit‘, für das
ein ungeheuer hoher Preis gezahlt wird", um dieses perfekte Bild des um die zwei Ecken des Geschlechtlichen
und des möglichst Normalen sich Drehenden darstellen
zu können. Nichts freut die traditionelle Allgemeinheit
mehr, als dass dadurch Grenzziehungen geboten werden, mit der man sich vor sich selbst als eben traditio-
neller Allgemeinmensch schützen kann.

Denn in Wirklichkeit enden Transgender wie alle anderen auch in einer um die zwei Ecken herum stumm blei-
benden ‚Unsichtbarkeit‘, schreibt Schachl. Der Transgender fühlt sich in seinem Erstgeschlecht nicht wahrgenommen, nicht bestätigt, und so versucht er nun um
dieser Bestätigung und des Wahrgenommen-Seins willen, das Geschlecht zu wechseln, weil er gesehen hat
und glaubt, dass es in dieser Form funktionieren wird,
normal funktionieren wird. Die Betonung liegt auf der
Vorstellung der Eingepasstheit, der Zuständigkeit, der
Normierung. Man will Transgender sein, aber normaler
Transgender.

Es geht also nicht um den Wunsch nur geschlechtlich
anders zu sein, sondern darum, ‚anders herum‘ n o r m
a l zu sein. Denn der Transgender möchte nicht das
andere sexuell bestimmte Geschlechtswesen sein, sondern das bestätigte und akzeptierte und notfalls

gesegnete Andere. Ich erwähne das Wort ‚segnen', weil auch manchmal Homosexuelle den Segen des Papstes suchen, der bestätigen soll, dass die in der Homoehe Verbundenen n o r m a l sind, aber nicht so sehr normal katholisch, als vielmehr normal, als zur Norm hin gesegnet schwul. Denn es zirkulieren auch in der homosexuellen Community Vorstellungen darüber, was das eigentlich Richtige und echte schwul sein bedeutet, und da kann ein Segen vom Papst durchaus hilfreich wirken, auch wenn man nie in die Kirche geht.

Alle wollen sie mehr als nur toleriert sein, sie wollen rund um akzeptiert und anerkannt sein von einer letztlich doch wohl unbewussten Instanz (der ominösen prinzipiellen, symbolischen, verifizierten, etc., etc., Paternität)? Das ist besonders gut sichtbar an den Hijras in Indien, Transmenschen, die aber einen speziellen kultischen Status haben, weil sie als real Entmannte – und nicht nur symbolisch Kastrierte wie die Neurotiker – bei Geburten, Hochzeiten und Todesfällen ihre Rituale und Gesänge aufführen und so eine gesellschaftliche Funktion haben, gleichzeitig aber auch in einer Art normierender Gruppierung unter der Ägide eines Gurus, also einer väterlichen Figur, leben, die ihnen ihre letztliche Identität gibt. Es braucht also kein Reden und Schreiben, sondern ein im entscheidenden Sinne Erhabenes wie das ἄγαλμα (Agalma, altgriech. Kostbarkeit, Götterbild, herrscherliche Statue) bei den alten

Griechen. Das ist eine königliche Metapher, die einen im Eros bestätigt.

Muss man sich nicht in entscheidendem Maße fragen, warum in der neuzeitlichen Gesellschaft – speziell in den westlichen Demokratien – die Menschen ihre Identität, ihr Selbstbewusstsein, ihre Eigentlichkeit vorwiegend, ja meistens sogar ausschließlich, über die Sexualität zu definieren versuchen? Man versteht sich heute als hetero-, homo-, trans-, bi-, oder als stets mehr werdend queer sexuell, und nicht als von seelischen Qualitäten, gesellschaftlich gewerteten, eigen-geleisteten Bestätigungen oder gar von einer Wissenschaft v o m Subjekt getragenen Stärke, von einer der Liebe unterstellten Wissenschaft, anerkannt. Man scheint modernerweise eine Plakette auf der Stirn zu tragen, durch welche Art von Sexualität man bestimmt ist, was vollkommen zu genügen scheint um zu wissen, wer jeder einzelne ist.

Mit der Problematik der Liebe beschäftigt sich auch die Soziologin Eva Illouz in ihrem neuesten Buch. Zuerst schildert sie die hundertfachen Kombinationen von Liebe und sozial-psychologischen Aspekten wie Beruf, gesellschaftlichem Status, Formen der Ehe, Gefühlsszenarien, etc., die letztlich alle irgendwie Kompromisse sind, an denen die Liebe eben gerade noch so beteiligt ist. „Die Liebe ist nicht in gleicher Weise ein soziales Gefühl wie andere Gefühle. Sie ist gleichzeitig zutiefst mythologisch und wird weithin idealisiert", schreibt sie. [39] Sie sieht allerdings nicht, dass die Liebe sublimiertes, verfeinertes, vergeistigtes Begehren ist, wie die Psychoanalytiker dies tun.

Denn damit kommt auch ein klärender Blick in die verschiedenen ‚Sexuierungen' und Queer-Communities herein, auch in die männlich Heterosexuellen, die ständig eine andere Frau brauchen und noch zehn weiter im Kopf haben, und alle die offensichtlich zu wenig sublimieren. Das macht eben auch mancher strammer Ehemann nicht, es sei denn – wie Illouz zum Schluss schreibt – er wendet sich dem von Nietzsche ins Spiel gebrachten Begriff des *amor fati*, der Liebe zum eigenen Schicksal, zu. Es handelt sich dabei um eine Liebe, in der man sich mit allem und jedem arrangiert, ein Total-Kompromiss, ein universelles Zusammengehen. Doch warum kommt Illouz nicht auf die Idee, einen Schritt weiter zu gehen und von der „Liebe zu sich selbst" zu sprechen, „die glücklich macht".[40] Illouz ist Soziologin und kann das Unbewusste vielleicht nicht richtig begreifen.

Hier geht es nämlich allein um die Erotik der Wahrheit als solche, den die Psychoanalytikerin M. Mitscherlich

---

[39] Illouz, E., Explosive Moderne, Suhrkamp (2024)
[40] Mitscherlich, M., Eine Liebe zu sich selbst, die glücklich macht, Fischer Verlag (2014).

in ihrem letzten Buch in dieser Form betitelte. Das klingt zwar nicht nach idealisiertem Gefühl und auch nicht nach *amor fati,* aber vielleicht ein bisschen narzisstisch. Sie hätte vielleicht besser geschrieben: ‚Eine Liebe zu sich als *Anderem,* oder eine Liebe zum eigenen Unbewussten, oder eine Liebe in der Form eines „Sagens als Akt und nicht nur einer Stimme".[41] Denn all dies ermöglicht die Liebe ‚vollständig' zu machen, indem sie auch alles andere und alle anderen einschließt und sich dem autochthonen Genießen, der ‚Jouissance feminine' öffnet, wie ich es in der *Analytischen Psychokatharsis* versuche. Damit will ich endlich der Praxis der dem Eros, der Liebe, unterstellten Wahrheit (und nicht nur Wissenschaft) genügen.

Denn ein bewusstes neurowissenschaftliches, kognitionswissenschaftliches, philosophisches und vielfach anderes denkendes Subjekt, kann dies nicht leisten, denn, wie schon erwähnt, „dass all das Denken transparent ist, ist eine Illusion".[42] Es kommt darauf an, was und wie *Es* sich enthüllt, selbstschöpferisch und praktisch. Wie kommt man von der *amor fati* zur ‚detached love', zur gelösten, respektvollen und eher schweigenden als zu sehr gesprächig und lauthals geäußerten Liebe, die auch den Psychoanalytiker ausmachen

---

[41] Lacan, J., Seminar XXII, Staferla free.
[42] Lacan, J., Seminar VIII, Passagen Verlag (2008) S. 455

sollte.[43] Wie betreibt man ‚self disclosure‘, Selbstoffenbarung inmitten einer Liebe, die nur noch ein wenig an ‚Sexuierung‘ an sich hat, weil sie doch sublimiertes Begehren nach dem eigenen *Anderen* ist, Entselbstigung im *Anderen,* wie es auch das Sterben ist.

Dafür müsste man natürlich gänzlich seine Angst hergeben, wie es auch die Patienten in der Psychoanalyse tun müssten, indem sie ’frei assoziieren‘, also alles sagen, was ihnen gerade einfällt, selbst wenn es einem noch so peinlich oder absurd erscheint. Aber es leuchtet trotzdem ein, dass ein Fortschritt in der Menschheitsentwicklung nur davon herkommen kann, wie ehrlich, offen, liebevoll und entängstigend man miteinander umgeht, aber auch wie authentisch man bleibt. Doch aus der Angst heraus frei von sich zu sprechen, gelingt ohne eine Selbstöffnungs-Praxis nicht so leicht, und deswegen bleiben die meisten Menschen in sich versperrt. Sie haben zu wenig Liebe zu sich selbst, die glücklich macht.

Auch die KI gibt ihre Angst nicht her, indem sie ihre Inhalte in extremer Weise zurechtstutzt und filtert, gewiss auch filtern muss. Zwar sammelt sie wie der Psychoanalytiker alle Daten, die ‚frei assoziativ‘ geäußert werden, also alles was im Internet im Umlauf ist, aber

---

[43] Kohon, G., Love in a time of madness. In Green & Kohon: Love and its vicissitudes, Routledge (2005) S. 41 – 100..

sie besitzt nicht dessen entscheidende Fähigkeit, die nicht nur im Zuhören mit ‚gleichschwebender Aufmerksamkeit' besteht, wie das der Therapeut in der Psychoanalyse tun muss, sondern eben auch im Schweigen. Bekanntlich kann die KI keine Sekunde schweigen, was dazu führt, dass sie auch zu Fakten, die sie nicht kennt, dumm daherredet und halluziniert.

Das Schweigen des Therapeuten ist das hauptsächliche Werkzeug, dem Patienten ein Geständnis oder wenigstens ein Eingestehen seiner verdrängten Lüste abzuringen. Dieses Schweigen besteht nicht in einer Lautlosigkeit, in einem sich ausschweigen und alles für sich behalten, sondern in einem erfüllten Schweigen, in einem bewahren tiefer Ruhe und dem darauf warten, dass die Wahrheit sich im Schweigen enthüllt, weil darin ihre eigentliche Erotik liegt. Wenn selbst auf viele und permanente Assoziationen des Patienten nicht geantwortet wird, protestiert dieser oft und wird auch manchmal aggressiv, doch genau dies – meinte Freud – gehört zu einer richtig geführten Psychoanalyse.

Da heutzutage – wie erwähnt – von zu vielem theoretischen Gerede nur Überfluss erzeugt wird, versuche ich es also mit der direkten Praxis des Unbewussten, mit der ‚logischen Praxis', wie Lacan es ausdrückt, einer Methode, in der nicht (zumindest nicht in normaler, üblicher Form) gesagt und geschrieben wird, sondern das Schweigen geübt und geliebt wird, so wie das Sterben

geübt und geliebt werden kann, wenn man seine Ästhetik nutzt. Ich verwende dazu Formulierungen, die in einer Buchstabenfolge (ich nenne sie zutreffender
B(r)uchstabenfolge) mehrere Bedeutungen enthalten,
je nachdem von welcher dieser gebrochenen Buchstaben aus man sie liest.[44] Damit ziehe ich die Analyse-
stunde in ihrem Schweigen-Reden-Zuhören und wieder
Schweigen, von einer anderen Seite her auf.

Nur so nämlich, in der Form einer gewissen Entsagung
– denn die B(r)uchstaben vermeiden ja durch ihre Ge-
brochenheit, dass man etwas verstehen, etwas von
ihnen wie üblich entnehmen kann – wird man in der
Analytischen Psychokatharsis an die Grenze des Unbewussten gebracht, genauso übrigens, wie man in der
Psychoanalyse die inadäquat auf den Therapeuten ge-
richtete Übertragung an deren Grenze führt. Dieser Aspekt fällt im Üben der *Analytischen Psychokatharsis*
zwar weg, umso mehr aber kommt so schnell keine
Antwort zustande, ja oft erst nach noch viel längerer

---

[44] Oudee Dünkelsbühler, U., Zeugnis und Schrift: B(r)uch-
staben an der Couch, Les Etats Généraux de la Psychanalyse
(2001). Der Begriff B(r)uchstaben erscheint mir eine ideale Formulierung für diese zerstückelte Darstellungsweise der *Formulierungen* zu sein, indem sie „Buch" (Lettern, Text) mit „Staben" (Linien, Textur) genau durch das ihnen eigene Element
verbindet, das ich im Weiteren als zentralen Bestandteil des
von mir entwickelten selbstanalytischen Verfahrens darstellen
will.

Pause, als beim physisch anwesenden Therapeuten.
Dafür ist wiederum die Antwort mit mehr Bedeutung
geladen, nämlich einer direkt aus dem Unbewussten
kommenden und nicht erst einer nur nach langen Be-
sprechungen zwischen Patient und Analytiker.

Die Kehre, die psychische Umkehr, die der Analytiker
durch die Auflösung der Übertragung erzeugt, ist diese
doch inadäquat, tödlich unpassend, wird in der *Analytischen Psychokatharsis* mittels der Durchquerung der
‚Minus Null‘ erreicht. Schließlich muss man beim Meditieren durch die Leere, das Nichts, das Dunkel wie
durch den Tod hindurchgehen, was der Philosoph M.
Heidegger als Umkehr, als Kehre bezeichnete.[45] In beiden Fällen wird sozusagen „der Tod durch sein Schweigen, zum *Anderen*“, zum *Anderen* als Niemand [Psy-
choanalytiker, der nichts Persönliches sagt], oder als
leerer Spiegel [Meditation, in der sich nur der Übende
selbst spiegelt] für seinen Patienten“.[46]

---

[45] Heidegger bezeichnete sein eigenes Umdenken als Kehre:
„Indem es das Wort Sinn von Sein zugunsten von Wahrheit des
Seins aufgibt, betont das aus *Sein und Zeit* hervorgegangene
Denken künftig mehr die Offenheit des Seins selbst als die Of-
fenheit des Daseins […] Das bedeutet die ‚Kehre‘, in der das
Denken sich immer entschiedener dem Sein als Sein zuwen-
det“. Vereinfacht gesagt, muss das Subjekt in ein ganz neues
Verhältnis zur Welt treten, wie es der Philosoph W. Schulz be-
zogen auf Heidegger ausdrückte.
[46] Lacan, J., Seminaire XVIII, Édit. Seuil (2006) S. 149

Wenn ich das mit dem Tod so schnell noch eingefügt habe, so deshalb, weil die genannte Kehre in der *Analytischen Psychokatharsis* einen Bezug zur Katharsis hat, dem befreienden Erleben. Der Apostel Paulus pflegte häufig davon zu reden, dass er „täglich in Christus sterben", also in eine meditative Katharsis geraten würde, in eine todesähnliche Selbstauflösung. Nun konnte er das deswegen tun, weil er in engster Nähe zu Christus lebte, und überhaupt waren die Menschen damals mit ekstatischen Erfahrungen vertrauter als die heutigen Menschen. Heute benötigt man B(r)uchstaben-Formulierungen, *Formel-Worte*, wie ich sie für die *Analytische Psychokatharsis* nenne, die zwar nicht schweigen, aber auch nichts sagen und so zum Sterben langweilig sind, wenn ich das einmal so kurios sagen kann. Doch sie sind nicht langweilig, provozieren aber die Katharsis, weil kein anderer Ausweg mehr da ist.

6. Die Impotenz des Reichen

Auch wenn ich jetzt endlich das ewige Reden und Schreiben hätte verlassen können und von der ‚Minus Null' zur Null und Eins gekommen wäre, muss ich also ein paar alerletzte Worte noch anfügen. Ich habe noch nicht die Heilige Mechthild von Magdeburg als an Glücksgefühlen, Liebesekstasen und Segnungen reiche Frau geschildert, nicht ihre Leiden in seelischer und körperlicher Art so richtig herausgestellt. Umgekehrt aber auch den Reichen, der scheinbar an nichts leiden muss und sich fast alles erkaufen kann, nicht zur Genüge als Kontrapart geschildert. Eine Stellungnahme zu dem großen Problem von arm und reich muss es in einem Buch über die der Liebe unterstelle Wissenschaft auch geben. Freilich klingt es nicht so effektvoll, wenn man den Reichen etwas herunter klassifizieren möchte, weil man einem dann leicht Neid und Missgunst vorhalten wird. Schließlich, wer möchte nicht reich sein?

Genau in diesem Sinne wollen neuere Forschungen jedoch bewiesen haben, dass man, um zum Glücklichsein zu kommen, tatsächlich – und zwar hauptsächlich – nur Geld braucht, und sogar sehr, sehr viel Geld. Dies hat die wissenschaftliche Arbeit von Matthew Killingsworth von der renommierten Wirtschafts-Universität Wharton School im US-Bundesstaat Pennsylvania ergeben, wie die ebenfalls in der Wissenschaft fundierte Journalistin Kathrin Werner schreibt.[47]

Sie berichtet, „dass die bisherige ökologische Forschung widerlegt sei, die zu dem Ergebnis kam, dass es eine Art von Glücksplateaus gibt und das Glück also nicht mehr weiter steigt, wenn das Einkommen einen bestimmten Wert erreicht hat. Lange ging man davon aus, dass dieser Wert in den USA bei einem Jahreseinkommen von 75000 Dollar liegen würde. Killingsworth sah diese Schwelle deutlich höher". Mehr als 33000 Amerikaner wurden nach ihrer Lebenszufriedenheit befragt. Ergebnis: Milliardäre sind die glücklichsten Menschen, glücklicher als Millionäre, „und die sind wieder glücklicher als die Mittelschicht, die man bisher für die zufriedenste Einkommensschicht hielt. Der Glücksunterschied zwischen den Reichen und der Mittelschicht war fast dreimal so groß wie der zwischen der Mittelschicht und den Geringverdienern. Das Glück wachse einfach ziemlich stetig mit dem Einkommenslevel weiter an," so das Fazit.

Nun macht der Forscher Killingsworth Kompromisse und Eingeständnisse. Ausgerechnet die Liebe, so meint er, sei auch wichtig für die allgemeine Lebenszufriedenheit, und es sei wohl das hauptsächliche Gefühl von Freiheit und Seelenfrieden, das sich aus finanziellem Überfluss ergeben kann", und das die Reichen so

---

[47] Werner, K., Glück ist eben doch käuflich, SZ vom 24. Juli 2024

glücklich macht. Logisch? Nicht ganz, denn der Reiche kann sein Glück auch in seltenen Fällen, mit Verschwendungssucht steigern, meine ich, die braucht er nämlich auch, weil es mit der Liebe – so wiederum Lacan – eben nicht so ganz klappt, denn „der Reiche ist impotent", konstatiert er.

„Es ist ganz und gar gewiss für einen Psychoanalytiker, dass es beim Reichen eine große Schwierigkeit gibt zu lieben. . . Gewiss ist, dass der Reichtum eine Tendenz hat, ohnmächtig/impotent zu machen. . . Der Reiche ist gezwungen zu kaufen, und um wieder die Macht/Potenz zurückzuerlangen, bemüht er sich, indem er kauft, zu entwerten. Das einfachste Mittel dafür zum Beispiel ist, nicht zu bezahlen. So hofft er, das hervorzurufen, was er niemals direkt erwerben kann, nämlich das Begehren des *Anderen*. . . Daher zwingt es den Reichen das Lieben zu verweigern. Er muss stets misstrauisch sein, dass man nur sein Geld will, und braucht den Hass und die Revolte gegen sich, um so wenigstens irgendwann einmal ein Gefühl zu erhaschen", so Lacan.

Ob damit alles gesagt ist, bezweifle ich, aber Killingsworth bezweifle ich noch mehr. Ich glaube durchaus, dass die althergekommene Auffassung, dass Geld nicht glücklich macht, der Forschung Killingsworth entsprechend, nicht ganz stimmig ist. Es wird sich wohl so verhalten, dass Reichtum glücklich stimmen kann, aber bei dem in der Verbindung von Liebe und Sex erreichten

Höhepunkten geht es um etwas anderes, und das ist es, was die Impotenz des Reichen nicht zulässt. Über ausschließlich käufliche Liebe und das Mätressentum der Könige muss man nicht reden, die haben ihren Stellenwert, wie man so sagt, aber nicht mehr. Und die Zwangsehe oder ähnliche Verhältnisse, in denen die Partner mehr aus Trotz als aus Liebe zusammenbleiben, gehören auch nicht in die weitere Betrachtung.

In einer festen Liebesbeziehung werden Missverständnisse, Enttäuschungen, Sprödigkeiten, Streit und viele andere Spannungen und Zerwürfnisse vorkommen, aber Sex, Eros, Liebe und Partnerschaft werden einen guten Mix abgeben, in dem auch manchmal in einer Phase der Versöhnung, der Wiederfindung und Vereinigung etwas vom Mechthildschen Erhöhungswahn und Vergrößerungstaumel vorkommt, etwas vom Berauscht Sein im und vom Anderen/*Anderen* (kursiv und nicht kursiv geschrieben), von dem niemand sonst etwas weiß. Genau das ist es, was dem Reichen fehlt (allerdings auch vielen andern).

Es muss nicht speziell mit einer Versöhnung einhergehen, auch ein erneutes Zusammenfinden nach Trennung durch irgendwelche Umstände, beim Begegnen in irgendeiner Phantasmagorie und anderem Sich-Neuentdecken kann es zu etwas kommen, das dem Reichen verwehrt ist, und wie gesagt nicht nur ihm, aber ihm auf zwangsvolle, notwendige Weise. Er kann sich nie sicher sein, ob er wirklich gewollt wird. Er wird eine bestimmte Art der Eins erreichen, aber er wird auch von der ‚Minus Null' nichts wissen. Denn bei ihm ist ja immer alles da und scheint immer alles in erreichbarer Nähe zu sein. Doch es ist auch immer nur von außen gekommen, das Innen ist leer geblieben, was den Reichen nicht stören muss, aber ihn impotent und liebesunfähig macht. Es ist einfach kein amouröser Spielreiz da.

Vielleicht kann man auf verschiedene Weisen potent und glücklich sein, ein gewisses Ausmaß an Geld – also so, dass man nicht jeden Cent umdrehen muss – sollte man schon haben. Das Hauptgewicht lege ich jedoch auf die seelische Zufriedenheit und auf das Glücklichsein in einem Mindestmaß an kathartischer Erfahrung. Denn diese klärt einen ja auch darüber auf, wie die Welt, das Dasein, der/das *Andere*, man selbst und alles sonst von i n n e n her strukturiert sind. Dazu muss man nur – vielleicht zweimal zwanzig Minuten am Tag – in sich hineinschauen und -hören oder auch einfach nur eine spielerische Entdeckungslust haben.

Diese Erkenntnis von i n n e n her betonte der Philosoph und Theologe R. Scheule einmal in einem Interview sehr deutlich. Er erklärte, dass er sich viel mit dem Tod auseinandergesetzt habe, wies aber darauf hin, dass er sich ja beruflich damit beschäftigen musste, was nicht heißen würde, dass er das Thema Tod souverän im

Griff hätte.[48] „Demnächst nicht mehr da zu sein irritiert mich", sagte er. „Was irritiert Sie daran"? fragte der Interviewer. „Vielleicht das, was uns alle umtreibt. Der Kontrollverlust. Ich habe das Wort ‚Tod', kenne den Tod aber nicht von innen", war Scheules Fazit. Was man nicht auch von i n n e n her kennt, kennt man eben nicht ganz, nicht gründlich und ästhetisch genug. Vielleicht sollte man die Dinge sogar mehr von innen her als von außen her kennen.

Ich habe in meinem Buch ‚Mit dem Tod reden' dazu intensiv Stellung genommen, denn gerade beim Tod fällt einem am meisten auf, wie unaufgeklärt, wie fremdbestimmt und wie verklemmt man mit ihm umgeht, und speziell auch da versagt der Reiche. Wo man bezüglich der Liebe zu viel, zu laut und zu pathetisch verfahren kann, herrscht beim Tod, Ignoranz, Stille, Hässlichkeit und zu wenig Einfühlungs-Vermögen und Ästhetik vor. Viele Menschen sterben vor Trostlosigkeit anstatt vor Neugier. Sie sterben in Angst und Schmerz, anstatt in Schönheit und gestärkt von der Erotik der Wahrheit in den Tod zu gehen. Die Menschen lieben aus Gewohnheit anstatt das Störende, Unbewusste und uns Weitertreibende zu mögen. Und natürlich verliert man sich in der Jagd nach dem Geld, weil

---

48 Scheule, R., Balbier, T., Der Gegenbegriff zum Tod ist nicht Leben, sondern Liebe, SZ vom 28.3.2024, S. R7

wir solchen Forschern glauben, die speziell die Multi-Milliardäre für die glücklichsten Menschen halten.

Schauen wir uns doch die Biographien dieser Menschen an. Wer von hundert Euro einen verliert, hängt keinem Gedanken daran nach. Aber der hundertfache Milliardär, der einer ganze Milliarde verlustig gegangen ist, der Geldmasse von tausend Millionen, sorgt sich vergrämt um seinen Besitz. Die Forschung Killingsworth's von der Wharton School in Pennsylvania ist bereits von der Art ihrer Untersuchung her fragwürdig vorgegangen. Man kann nicht nur einfach durch Befragung nach dem Glücklichsein, und noch dazu nur bei den Superreichen selbst, gesicherte objektive Ergebnisse erzielen. Der befragte Milliardär muss doch schon von der generellen Erwartung ihm gegenüber her, bewusst und gezwungener Maßen betonen, wie wahnsinnig glücklich er ist. Er kann schlecht davon predigen, dass er zwar Milliarden besitze, es ihm aber elendiglich zu Mute sei.

Im Gegensatz zum Hans im Glück, der den Prototyp des dem Geld, ja sogar dem Gold gegenüber Lässigen, Gleichgültigen, aber auch Harmlosen darstellt, vermittelt der antike Milliardär Krösus den vom Gold zu waghalsigen und gewaltigen, jedoch auch aggressiven Handlungen verleiteten Machtmenschen. Gerade ihn aber, Krösus, trifft – laut Schillers Ballade – der tiefste Absturz. Beide, Hans im Glück und Krösus, sind keine

Ideale hinsichtlich des wahren Glücks. Obwohl Hans danach benannt ist, gilt er doch auch als neurotisch und schwach. Er lässt sich ständig übers Ohr hauen und kehrt am Schluss angeblich glücklich zu seiner Mutter zurück, ein Muttersöhnchen also, der letztlich nur infantil Glückliche, der noch tief im Ödipuskomplex steckt.

Demgegenüber stellt Krösus den sich ganz mit dem Vater identifizierenden Sohn dar, der sich erfolgreich gegen Missgünstige zu erwehren verstand und später eigens ein Heer aushob, um für den Vater gegen das Volk der Karer zu kämpfen. Auch wenn es ihm immer wieder sehr schlecht ging, er also gar nicht so der glücklich Reichere war, war er im Glücklichsein zumindest der Reifere und nicht so Infantile, wie Hans im Glück. Letztlich ist es auf jeden Fall völlig absurd, Geld und Gold als Grund für stimmiges Glücklichsein hinzustellen, wenn auch das Gegenteil manchmal plausibel scheint. Dagegen ist das Wissen, wie man sich klar verorten und gelungen, reif, und souverän mit dem Unbewussten auseinandersetzen kann, als das höchste Glück zu preisen. Das klingt nach den Formeln altweiser Mystagogen, aber mit wissenschaftlicher Unterstützung kann man es belegen.

Schließlich braucht man etwas, das man dem angeblichen Glücks-Vorschuss der Milliardäre entgegensetzen kann. Lacan meint zurecht, dass Geld der annihilierendste, nichtendste Signifikant ist, den es gibt, weil er im authentischen Sprechen, in der ‚logischen Praxis‘, in der Wissenschaft als solcher, aber auch in der v o m Subjekt, in der der Liebe unterstellten Wissenschaft stets die Null, das Nichts repräsentiert. Denn man kann diese Wissenschaft nicht kaufen. Deswegen behandelt man in der Psychoanalyse einen Reichen umsonst, oder nur für einen Euro pro Stunde. Die Behandlung wird für den superreichen Patienten quälend, weil er merkt, dass er selber etwas für seine Heilung tun muss, und sie sich nicht käuflich erwerben kann.

Nun, vielleicht läuft es nicht immer so akribisch und selbstmoralisierend, auch wenn so häufig Gott Mammon als Schatten hinter den Ereignissen steht, so dass man nicht weiß, ob Killingsworth nicht zu den Neun-Mal-Klugen gehört, die ja, wie gesagt, nicht nur falsch eruiert, sondern auch die völlig Falschen befragt haben. Sie hätten nicht die Reichen selbst, sondern diejenigen, die die Reichen aus irgendwelchen äußeren Beziehungen kennen, als deren Hausangestellte, Chauffeure, Putzfrauen, Kammerdiener, Kellner, Jacht-Skipper und ähnlich Andere mehr konsultieren sollen. Da wäre – wenn auch nicht das krasse Gegenteil – doch zumindest ein ziemlich anderes Ergebnis – herausgekommen.

Man könnte die Reichen auch nach der Erotik der Wahrheit fragen, denn die Erotik des Geldes kennen sie ja, und so haben sie ein gutes Vergleichselement. Aber wahrscheinlich würden sie die Frage nicht verstehen. Sie wissen zwar, dass es Erotik ist, wenn es in den Händen kitzelt, aber nicht, wenn es im Herzen, im Unterleib und im Hypothalamus kribbelt. Das sind die Organe, die die Erotik der Wahrheit produzieren, und natürlich ist es auch die Seele des Anderen/*Anderen*. Die Reichen selbst zu befragen, ob sie glücklich sind, ist genauso verzwickt und kontraproduktiv wie Politiker fragen, ob sie erfolgreich sind.

Man bekommt immer geschönte Antworten oder eben solche Kommentare wie sie von den Alleswissern üblich sind, die ja nicht blöde sind. Sie sind eben die ‚Non Dupes‘ (die Nicht Blöden), die ‚errent‘ (irren), wie Lacan sein XXI. Seminar betitelte. ‚Le Nom du Père‘ (der Name des Vaters), ‚Les Non du Père‘ (die Nein des Vaters) und ‚Les non Dupes errent‘ lauten im Französischen auf Grund der dort immanenten Homophonie alle gleich, und somit steckt ein besonderer Sinn dahinter, nämlich der, dass man nicht weiß, was gemeint ist. Aber dafür hört man deutlicher hin, speziell auf das, was der Vater in seinen Non und Nom gesagt hat, hinter dem stets die Nicht-Blöden stehen, die irren.

Denn so verhält es sich eben mit der Sprache des Unbewussten, und so ist auch die Aussage der Reichen aufgebaut und strukturiert. Es ist schön reich zu sein, weil man im Mittelpunkt steht, im Mittelpunkt von was? Der Reiche ist nicht der Weise, wie das *Formel-*

Wort redet er nur, sagt aber nichts, das wertvoll, warm, lebendig und wahr sein könnte. Doch das *Formel-Wort* vermittelt wie der Satz Lacans von den ‚Non Dupes errent‘ die Wahrheit des Unbewussten, die Geheimnisse des verborgen Seelischen. Das ist es, was im Mittelpunkt jedes Einzelnen stehen sollte und das wie der Name des Vaters einem Rätsel aufgibt, denn was will er eigentlich sagen? Nur ein Non ist zu wenig, aber ein Ja wäre zu viel. Denn um das Begehren, um die Sünden, die im Namen des Vaters begangen werden, muss es ein Geheimnis geben und das kann nur jeder mit Gewinn für sich alleine lösen.

Seit ewigen Zeiten waren die Frauen mit ihm, dem ‚Padre Patrone‘, solidarisch, selbst wenn sie ihn wegen seines patriarchalen Gehabes nicht schätzten. Dass er Missbrauch betrieb, wurde kritisch gesehen, aber nicht sanktioniert und vieles wurde einfach nicht gesagt, geschweige geschrieben. Es gibt bis heute keine Praxis, die das offenlegen könnte. Es ist ein Verwirrspiel, eine contradictio in adjecto, die stets dazu führt, dem Begehren dieses Herrscher-Vaters eine Art von Gesetzmäßigkeit zu geben. Notfalls konnte man sich daranhalten, dass es wenigstens nominell, prinzipiell, signifikativ, den Namen des Vaters gibt, den Freud zum signum omnium machte. Lacan folgte ihm diesbezüglich lange, ersetzte ihn aber dann durch die Logik, bzw. ‚logische Praxis‘, was zutreffender war.

An was soll man sich also halten? Das Geld vermittelt nur die Nacktheit des Materiellen, den goldenen Glanz, der wie der Sex hell strahlt, leuchtet und scheint, aber eine Beziehung nur dem Anschein nach ist, eine Scheinbeziehung. Aber auch an das „Seien Sie Dupes", das Lacan mehrmals in diesem XXI. Seminar seinen Hörern zurief, wird wohl nicht als Halt ausreichen. „Seien Sie nicht immer zu viel im Kopf, verstehen Sie nicht immer alles zu voreilig und zu schnell, Soyez Dupes"! ist zwar sicher ein guter Rat, aber für die Praxis, die ich hier schließlich dem Leser mitgeben möchte, nicht genug, vor allem nicht genug, um den Reichen ins richtige Licht zu stellen.

Alle diese stützenden Statements machen einen nur unfähiger in der Liebe, die selbst nämlich nur von der ‚Minus Null' am Leben gehalten wird. Das beste Beispiel dafür ist der Theismus der B(r)uchstaben und mein univokes Wort. Indem man einem einzigen Wesen, einem göttlichen Ur-Vater alle Macht, alles Wissen und alles Sein zuspricht, macht man aus der Eins eine Universalie, doch das Gleiche passiert mit den B(r)uchstaben, die zweifellos einen Text vorgeben, aus dem aber nichts herauszulesen ist. Es verhält sich exakt so wie es Lacan von den Hieroglyphen beschrieb, von denen man nichts versteht, aber genau weiß, dass sie eine Botschaft enthalten. Sie sagen etwas, aber man muss es entziffern, indem man sich selbst als Buchstabenwesen einbringt.

Freilich kann man sich fragen, welche Wahrheit besser
und für die Liebe plausibler ist, die mit der Subsumie-
rung unter die von vornherein als ganz und unabhängig
gesetzte Eins, oder die ‚Minus Null‘, die eine entscheidende Aufgabe, ein lebenslanger Job und eine ständige
Meditation hin zum Verständnis der Liebe ausmacht.
Den Diktator oder den Gott muss man nicht lieben, es
heißt ja, dass er einen liebt, indem man Eins mit ihm
ist. Dafür braucht es natürlich keine Mathematik mehr.
Aber mit dem Reden, Schreiben und auch mit dem
Denken tue ich mich schwer, wie man eine der Liebe
unterstellte Wissenschaft kreieren will.

Für Freud war das Denken auf jeden Fall ein seelischer
Abwehrmechanismus, ein Wegschieben des Begehrens, des Triebs, eine Form des Verdrängens. Auch das
Denken hilft dazu, die Angst nicht herzugeben, wie ich
oben erwähnte. Lieber etwas denken, als sich dem Begehren auszuliefern, von dem man nicht weiß, wie man
es ausleben soll. Dabei genügt es doch schon, es nur bei
seinem Namen zu nennen. Rumpelstilzchen ist das
beste Beispiel dafür. Die Worte Stilzchen, stolzieren,
Stelze, steif, verweisen eindeutig auf die männliche Sexualität, die der Phallus symbolisiert, und die sich
durch ihre Prahlerei, ihr Kraftgehabe, ihre Perfor-
mance, ihre großkotzige Show und ihr Geheimgetue
dartut wie es der Psychoanalytiker O. Graf Wittgen-

stein eruiert hat.[49] Doch wenn man seinen versteckten Namen weiß, wie die Königstochter im Märchen, wird man frei von seiner anmaßenden Magie und seiner Macht. Als die Prinzessin den Namen bei seinem Tanz und seinem Lied „ach wie gut, dass niemand weiß, dass ich Rumpelstilzchen heiß", erlauscht hat, ist Rumpelstilzchen erledigt.

---

[49] Wittgenstein, O., Graf von., Sagen, Hören, Sehen. Vom dreiteilig einigen Menschen, Bonz (1982)

7. B(r)uchstaben, KI und das ‚Ding‘

Der Ausgabe der FAS (Frankfurter Allgemeine Sonn-
tagszeitung) von 22. 9. 24 lag ein mehrseitiger Bericht
bei, der umfassend über „die Jagd nach der intelligen-
ten Maschine" betitelt war. Der erste Artikel beschäftigte sich mit der Illusion, dass „mehr Daten, mehr Mathematik und mehr Vernetzung zu mehr Wissen führen
würde". Von der Mathematik und ihren Zahlen habe
ich schon eingangs berichtet und das Problem der Un-
endlichkeit erwähnt. Vom Mathematiker K. Gödel wird
diesbezüglich oft der Begriff der ‚Unvollständigkeit‘
oder ‚Unmöglichkeit‘ genannt, wesentlicher ist aber
sein Satz von der ‚Unentscheidbarkeit‘, der eben be-
sagt, dass man im Mathematischen immer an einen
Punkt kommen wird, an dem man sich nicht entschei-
den kann, in welche Richtung man weiter kalkulieren
müsste. Es ist der Punkt der ‚Minus Null‘.

Mit dem banalen Zählen rationaler, reeller oder gar
transfiniten Zahlen anzufangen, mit denen die Mathematiker zwar Außerordentliches leisten, bringt nichts,
das Grundsätzliche ist schon vertan. Im Grundsätzli-
chen steckt nämlich der Satz, also das, was auch die
heutige KI benötigen würde, die – wie der Autor R.
Otte in dem oben zitierten Bericht der FAS schreibt –
nur rein mathematisch als Softwarealgorithmus auf

einem Computer implementiert ist.[50] Damit kann man herumspielen so viel man will. Denn „die Grenzen der Mathematik sind auch die Grenzen jedweder KI", so der Autor.

Diese würde ohnehin nur Stufe 1 (Deduktion) und 2 (Induktion) erreichen. Von Kognition (3), Wahrnehmung und Bewusstsein (4), Selbstwahrnehmungsintelligenz (/5), Gefühlsintelligenz (6), Willensintelligenz (7) und menschliche Intelligenz der Selbstreflexion (8) ist sie noch weit entfernt. Was man noch hinzufügen muss ist die für immer der KI unerreichbare Fähigkeit der Enthüllung des Unbewussten, der gerade oben genannten Selbstoffenbarung, denn vom Subjekt versteht sie schon dreimal nichts. KI kann nur approximieren, also sich an Gegebenes annähern, sie kann mit größeren Extrapolationsbereichen, also Abstraktionen und einer Wissenschaft v o m Subjekt nichts anfangen.

Deswegen versteht sie auch keine Witze. So schreibt U. Schnabel in der ZEIT: ‚Papa', sagt der Sohn, ‚die Intelligenz hab ich von dir'. Der Vater geschmeichelt: ‚das freut mich! Wie kommst du darauf?' – ‚Na, die Mama hat ihre ja noch!' Pointe klar? Hoffentlich, denn dann sind Sie ein Mensch".[51] Für die KI wird so etwas, das

---

[50] Otte, R., KI – das Ende der Illusionen, FAS, (17. 9. 2024), S. B 8-9
[51] Schnabel, U., Unsere neue Denkaufgabe, DIE ZEIT Nr. 21 (2023) S. 31

um drei Ecken herumgeht, nie verständlich sein. Schon „die sogenannte Prädikatenlogik 2. Ordnung mit Aussagen wie ‚Frösche können alle Farben haben' stellt die mathematische KI vor erhebliche Probleme. Denn laut Gödel gibt es, wie oben ausgeführt, in allen hinreichend starken Systemen (und dazu zählt die Prädikatenlogik 2. Ordnung) zwingend Aussagen, die sich formal weder beweisen noch widerlegen lassen. Das trifft die KI mit voller Wucht, denn es verhindert zahlreiche geplante KI-Anwendungen, wie . . . z. B. voll automatisierte Gerichtsentscheide". [52]

Und weiter: „Es kann nicht passieren, dass eine KI sich immer weiter selbst optimiert und repariert, denn sobald diese Aufgabenstellung die Komplexität der Prädikatenlogik erreicht, kommt es zu inneren Widersprüchen und damit zum Stillstand. . . . Alle mathematischen Systeme unterliegen derartigen Restriktionen. Niemals können heutige mathematikbasierte KI-Maschinen die Menschheit übernehmen, diese Ängste werden zwar ‚bewusst' verbreitet – sie sind aber völlig absurd". Zu der oben erwähnten Stufe (8) und gar darüber hinaus wird die KI niemals kommen, das muss man als Mensch deutlich sagen und auch nochmals

---

[31] Otte, R., KI – das Ende der Illusionen, FAS, (17. 9. 2024), S. B 8-9

dazufügen, dass sie kein Unbewusstes hat und auch dieses bei anderen nicht enthüllen kann.

So kann sie auch mit B(r)uchstaben, also beispielsweise mit den sogenannten Freud'schen Versprechern meist nichts anfangen. Nur mit B(r)uchstaben zu arbeiten, also mit gebrochenen Silben, mit in sich geteilten Kurzsätzen und mit zerstückelten Phrasen klingt nun tatsächlich seltsam. In der klassischen Psychoanalyse ist es kaum möglich eine Sprache ohne Worte zu sprechen oder zumindest im Sprachlichen soweit zurückzugehen, wie es in den Versprechern passiert, um doch noch einen Sinn herauszuhören. Genauso schwierig ist es im Traum zersplitterte Worte zusammenzusetzen und zu deuten. Man braucht viel Zeit und viel sprachlich-symbolisches Material, und das macht eben auch der KI zu schaffen.

Dies läuft auf das Gleiche heraus wie die zwar hervorragend formulierten Gefühlszustände im Zusammenhang mit gesellschaftlichen Parametern, wie sie in dem gerade oben erwähnten Buch der Soziologin E. Illouz beschrieben sind, denn auch die führen aus ihrer Festlegung nicht heraus (nur notfalls bis zur *amor fati*), und vermeiden dadurch die Sprache der ‚zerstückelten Phrasen' und der ‚Unentscheidbarkeiten', denn Gefühle, selbst wenn sie aus der Tiefe kommen, bleiben immer an der seelisch ganzheitlichen Oberfläche.

Mit einer Soziologie der Gefühlswelt (Eifersucht, Neid, Zorn, Scham, etc.) allein, werden wir nicht reifer und weiser werden, denn „Gefühle sind immer reziprok", meinte Lacan, sie haben immer eine gegenseitige Entsprechung auf ihrer basalen Ebene. Doch so gesehen sind die Gefühle, selbst wenn sie noch so kritisch durchleuchtet und interpretiert werden, wie Illouz das tut, meilenweit von gesellschaftlichen Effekten entfernt. Denn es wird nicht aufs Begehren, auf die grundlegenden Kräfte, Begierden, Triebe eingegangen, die seit Freud und Lacan ganz generell das Primäre, das eigentlich Wirkende, Bewegende sind.

Wie diese beiden Grundtriebe, die ich gut mit meinem Erscheinungs-Wirkenden (Gefühlswelten) und Wort-Wirkenden (psychoanalytischen, philosophischen) vergleichen kann, zusammenbringen? Denn mit dem – ans Sexuelle lediglich erinnernden – Begehren sind nicht Hunger und Durst gemeint, bei denen es sich um Bedürfnisse handelt, deren Hauptgewicht auf dem Biologischen liegt, das ein sich abgesetztes, verfestigtes Begehren darstellt (Instinkte, biologische Kräfte). Das Abgesetzte betrifft nicht nur den Rahmen der Evolution, wo Entwickeltes sich stabilisiert, fixiert, verfestigt, sondern besteht auch im Rahmen der Involution, wo sich etwas in sich selbst einwickelt und einrollt wie in der projektiven Geometrie (Lacans Topologie), oder wo es sich auf einen früheren Zustand vorläufig zurückzieht, wie in der psychischen Regression oder organischen Involution.

Dieser involutive Aspekt wird viel zu wenig gesehen und in der Wissenschaft berücksichtigt, denn auch das menschliche Subjekt selbst gehört in diesen Bereich. Während die Evolution nach Kausalitäts-Kriterien des Daseins vorgeht, wo beispielsweise eine Nischenbildung Ursache für eigene Entwicklung ist (Darwins Galapagos-Finken bzw. geographische Separation), handelt es sich bei der Involution nicht so sehr um das Dasein, als vielmehr um das Werden, das Finale, Kreative, Schöpferische. Das Universum ist nicht aus vorhandenen Materialien entstanden (was Tonelli ja als illusionär entlarvte), sondern aus sich selbst, projektiv, topologisch, erscheinungs-wirkend, final-

Und so ist auch – und das ist Lacans bevorzugte These – die Sprache, das Wort-Wirkende aus sich selbst gekommen, in dem die Signifikanten eine Wort-Wolke, undefinierbare Bedeutungs-Konstellationen, B(r)uchstaben und Laut-Automatismen, wie aus sich selbst entstanden sind. Für die meisten Menschen wird so etwas nicht nachvollziehbar sein, aber das war der ‚Geistesblitz‘ von Tonelli ja auch nicht (selbst für ihn nicht ganz, denn er hätte noch etwas weiter gehen müssen, nämlich dahin, wo er jedem Einzelnen seine Erfahrung hätte logisch-praktisch, selbsterfahrbar, immanent, imputieren müssen. Doch dazu braucht es – meiner

Ansicht nach – mindestens die B(r)uchstaben, die tief im Inneren jedes Einzelnen das bewirken, um was es geht.

Im Rede- und Schreib-Modus wird es nicht besser gehen, weshalb ich ja mit den B(r)uchstaben eine Praxis erzeugen und formulieren möchte. Das ganze Buch dient nur diesem Unterfangen, den Leser von der Bedeutung und Wichtigkeit dieser Praxis (*Analytische Psychokatharsis*) zu informieren. Einige, die mich kennen, haben auch so mit diesem selbstanalytischen Verfahren begonnen, aber das ist absolut kein wissenschaftliches Vorgehen. Zu sagen: probier's, und du wirst sehen, dass es funktioniert, war Jahrtausende lang eine raffinierte Masche zum Erfolg. Aber dieser Erfolg war kein Fortschritt.

Ein Fortschritt war Freuds Entdeckung, dass nicht Materie oder Geist der Anfang von allem war, sondern so etwas wie *Es*, wie das ‚Genuss-Begehren‘, ein ‚Vorwärts- Drang‘, ein XY (den wahren Namen kann nur jeder Einzelne finden), das ans Sexuelle erinnert – nur erinnert (!), nur als Verständnis-Stütze dienend ex-sistiert. Und nur sublimiert ist *Es* Liebe, von der auch eine Wissenschaft insinuiert sein kann, weil man nur so von ihr zu sprechen vermag. Denn sonst von Liebe zu reden oder zu schreiben ist unheilvoll. Wenn jemand zu einem anderen sagt, dass er ihn liebt, genügt schon das ‚lie-‘, dass der andere automatisch das ‚-ben‘ ergänzt, so sehr handelt es sich um einen reinen Spiegelbezug, um einen Rausch.

Mit aus diesem Grund ist Lacans *Anderer* so wertvoll, denn er/es stellt exakt eine Läuterung des *Es* in dem Sinne dar, die einen zur Wurzel des Sprechens und der Sprache zurückführt, damit von dort aus ein Neuanfang beginnen kann. Man kann ruhig Gott dazu sagen, wenn man damit nicht eine Konfession versteht, die einen auf festgelegte Texte und Gebote fixiert, aber am besten sagt man dasjenige dazu, das einem vom Unbewussten her vermittelt wird. Erasmus von Rotterdam verstand es, aus antiken Texten sowie auch aus der Bibel solche B(r)uchstaben-Haftigkeit herauszulesen, die er auch das ‚Stammeln einer Botschaft‘ und das ‚Rauschen‘ des sprachlichen Tons nannte, also das eigentlich *Andere* der Bibel.[53]

Er fand im Lateinischen und Griechischen sich überschneidende Silben und Phoneme, die stets etwas anderes sagten, als das, was bekannt war. Diese altertümlichen Sprachen raunten, murmelten und wisperten ganz neue Geständnisse und Offenbarungen aus sich heraus, was die herrschenden Exegeten und Theologen in Verwirrung und Empörung versetzte. Doch in Wirklichkeit konnte Erasmus damit zeigen, dass in diesem

---

[53] Langereis, S., Erasmus, Biographie eines Freigeists, Propyläen (2023) S. 695 und 848

Gemurmel und Rauschen der wahre Sinn steckte, die Wahrheit des Textes, der in Folge hunderter Jahre durch Um- und Überschreibungen, durch Neuübersetzungen und Interpretationen verfälscht worden war.

Exakt da, in diesem an das ‚weiße Rauschen' moderner Informationsgeräte (Radio, TV) erinnernde Rhythmische, aber auch Kreative der tanzenden Phoneme und Semanteme, sowie in den ‚vibrations' des Wort-Wirkenden als solchem, lag für Erasmus der Angelpunkt all dieses aus Theologie und Philosophie Geschriebenen. Er hörte den Grund-Algorithmus, das Axiom, das unbewusst Gemeinte der Texte heraus, und konnte so das ganze Neue Testament neu entschlüsselt niederschreiben. Leider ist er nicht ganz ans Ziel gekommen. Luther hat ihm den letztlichen Erfolg vermiest, indem er die *Confessio Augustana* (auf dem Reichstag 1530) für so „nachgiebig" formuliert hielt, dass man in Verhandlungen keinesfalls weitere Zugeständnisse machen könne.[54] Diese hätten die Spaltung der Kirche verhindern können, wie sie Erasmus von Rotterdam vorsah.

Als die Menschen zu sprechen begannen, handelte es sich noch um solche B(r)uchstaben, aus denen schließlich durch eine mehr und mehr einseitig strenge Formalisierung die Buchstaben-Sprache entstand. Das Rauschen und Murmeln wirkte in den Signifikanten noch

---

[54] Wikipedia: Confessio Augustana

versteckt weiter, und eben deswegen muss man die Signifikanten ja – manchmal mühevoll – entziffern, und muss man sie – im Fall der Freud'schen Psychoanalyse – entsprechend ihren ‚Sexuierungen' entschlüsseln und dem Patienten als Ergebnis der therapeutischen Deutung präsentieren. Das heißt, seine ödipalen, komplexhaften seelischen Strukturen entlarven und ihm seine Erotik zeigen, um ihm so die Wahrheit liefern zu können.

Wenn Lacan behauptete, die Sprache sei schon seit jeher in der Welt gewesen, dann ist sie eben erst mit diesem Weg bestimmenden Rauschen zu dem geworden, was sie heute ist. Darauf bezieht sich ja auch der schon erwähnte ‚Herren-Diskurs' Hegels, in dem der ‚Herr' eine zunehmende Formalisierung der B(r)uchstaben hin zur Sprache vollzog, und sich damit sozusagen ‚aufmandelte', auf-‚mann'-delte, ‚dominantierte'. Um eine Erotik der Wahrheit zu produzieren, müsste der Herr freilich die Angst überwunden haben, aber das ist – wie erwähjnt – in seiner Gänze gcradc bcim Hcrrn nicht dcr Fall.

Auch Jesus hat gesagt, „in der Welt habt ihr Angst, aber ich habe die Welt überwunden" – er hat also nicht unbedingt auch die Angst überwunden. Auch der Hegelsche und der Lacansche ‚Herr' hatte in seinem Dominanz-Signifikanten nur die Welt als wortloses Paradies überwunden, aber die Angst ins Wortlose zurück-zufallen ist ihm geblieben. Im Herren-Diskurs wird die Angst nur weggeschoben, verdrängt. Für den Philosophen M. Heidegger war die Angst vor dem „eigensten, unbezüglichen, unüberholbaren Sein-können" gleichgesetzt mit der Angst vor dem Tod, und für Freud war die Angst vor den eigenen Trieben größer als die vor den Kräften im Äußeren. Denn der Herren-Signifikant war ja nicht trieblos, im Gegenteil, er war umtriebig bis zum gewalthaft werden.

Nun habe ich also bezüglich der Meditation, die in der *Analytischen Psychokatharsis* eine der zwei Haupt-funktionen einnimmt, etwas entwickelt, was die Angst nicht durch eine dem Künstlichen des Redens und Schreibens, sondern durch B(r)uchstaben in Schach hält, aber doch so, dass das Unbewusste sich dabei öffnet und zugänglich wird. Es öffnet sich also nicht ein Geisterreich, etwas Spirituelles, wie es in der Religion und auch in der üblichen Meditation und sonstigen psychischen Tricks möglich ist. Denn die Gefahr, sich im Spirituellen zu verlieren ist groß, davor schützen ja auch die großen Vereinigungen, die unter der Ägide eines Gottes stehen, nicht. Die Religionen bekämpfen sich, die Philosophien versuchen sich ständig zu widerlegen und zu beweisen, und die restlichen Geist-besessenen bringen sich gegenseitig um oder um den Verstand.

Freilich ist es auch mit der Liebe nicht so unproblematisch. Lacan betont wie erwähnt, dass sie hauptsächlich in Form einer Spiegelbeziehung zum Zug kommt, das heißt, man spiegelt sich in den Gefühlen, den Gegen-seitigkeiten und Ansprüchen, aber bereits ein kleiner Riss kann genügen, dass alles ins totale Gegenteil, in den Hass oder in die kalte Neutralität kippt. Da hilft auch die Erhebung der Liebe ins Transzendente, in die ‚caritas', in die vollkommene Opferrolle oder in den grenzenlosen Altruismus nicht. Trotzdem will ich von der ‚detached love', ja von einer der Liebe unterstellten Intelligenz bis hin zu einer der Liebe unterstellten Wissenschaft reden. Dies heißt ja nur, dass es um etwas gehen soll, das nicht nur der reinen Wissenssucht, nicht der Geltungssucht durch allzu viel Gescheitheit oder der zu heftigen und weitreichenden Übertragungsliebe dient.

Die Übertragung, von der ich weiter oben gesagt habe, dass sie aus der Idealisierung, Verhimmlischung und Guru-Schwärmerei stammt, mag zwar eine Art von Wohlwollen sein, aber am Ende steht die Enttäuschung über den Selbstbetrug, dass man zu viel Positivität in den Lehrer oder Therapeuten gesteckt hat. Freuds These, dass ein Auftreten von Aggressivität zur normalen Psychoanalyse gehört, verhindert nicht, dass damit werden oft beide, Therapeut und Patient nicht fertig werden, so dass in der Folge die Therapie oft abgebrochen wird. Die Psychologin C. Ruppert berichtet sogar von annähernd 20 % all der Therapien, die gegen die Auffassung der Therapeuten abgebrochen werden (eine große Zahl betrifft den Abbruch auch durch kommentarloses Fernbleiben).[55] Nicht alle vertragen also den Tod durch das Schweigen des Analytikers', wie ich Lacan zitierte. Es fehlt vielleicht der Bezug zur Ästhetik, zur Schönheit des Sterbens, wie ich sie auch durch die *Analytische Psychokatharsis* vermitteln will.

Dies ist ein wichtiger Bestandteil der Psychotherapie in Form von Meditation, die mich auch dazu brachte, für das Verfahren der *Analytischen Psychokatharsis* nur B(r)uchstaben herzugeben, die also nur gebrochen etwas sagen und sie so schreiben zu müssen, damit nichts so gelingt, wie es die vollen Buchstaben zu erreichen versuchen. Denn in einer Meditation darf man nicht irgendwelche vollen Aussagen, Gebote oder Ziele meditieren, die ja bereist alles vorwegnehmen würden, was erst das Ergenis der Meditation sein soll. Eine feste Aussage, ein Mantra, ein definiertes Wort oder Ähnliches zu meditieren, ist eigentlich sinnlos. So etwas stellt nur eine andere Art des Auswendiglernens dar.

---

[55] Ruppert, C., ZAHW, digitalcollection (2024)

Und so muss man in der *Analytischen Psychokatharsis* zwar etwas meditieren, das Sprachcharakter hat, denn es soll ja etwas Bedeutendes, das also nicht schon von vornherein definitiv benannt ist, herauskommen, und dazu eignen sich die B(r)uchstaben ideal. Worte, die in sich gebrochen sind, finden sich in vielen Bereichen. Im Traum, in Versprechern, aber auch in Rätseln, deren Worte abgebrochen sind, damit man den Rest erraten soll, zeigt sich etwas von dieser Art der B(r)uchstaben.

 Ich fordere für die Meditation einen wissenschaftlich begründeten Aufbau, denn Erfundenes, Mythisches, Mystisches, etc., eignen sich ebenfalls nicht dafür.

Ich verwende in der *Analytischen Psychokatharsis* dazu die lateinische Sprache (man könnte auch eine andere Sprache nehmen, aber Latein passt aus vielerlei Gründen besonders gut dazu), bei der in einer Phrase in einem einzigen Schriftzug mehrere Bedeutungen enthalten sind, je nachdem von welchem Buchstaben aus man die Formulierung liest. Ein Beispiel für derartige Formulierungen, die ich, wie erwähnt, auch *Formel-Worte* nenne, ist hier oben ohne weitere Erklärungen gezeigt (die Auflistung der Bedeutungen und weitere derartige Formulierungen, finden sich im Anhang).

Damit fange ich an mein Versprechen zu halten, nicht mit Reden und Schreiben anzufangen, sondern mit

einer Praxis, also mit etwas, das auf das Ursprünglichste zurückgeht und zurückverweist, wie ich es mit
der ‚Minus Null‘ und all den im Grunde genommenen
Zeichen vor dem Hintergrund von Leerstellen versucht
habe. Klar, ich will nichts sagen, und mit dem *Formel-
Wort* sage ich auch nichts, denn erst wenn es jemand
als Einzelner meditiert, kommt das Sagen, nicht das Reden in ihm selbst heraus, um das es letztlich geht. Es
besteht aus dem, das nicht nur ich nicht sage, sondern
auch sonst niemand außer dem Unbewussten des Be-
treffenden selbst, seinem *Anderen*.

Lacan nennt dieses sprachfähige Unbewusste eben den
groß zu schreibenden, weil bedeutenden, *Anderen,
l'Autre,* Er oder *Es*. Sie sagt er nicht dazu, obwohl im
französischen l'Autre auch das feminine sie stecken
würde, und dies auch Bedeutung für das Unbewusste
hätte. Aber wenn man Sie, d i e Frau also, geschrieben
mit dem universalierenden Artikel, aufruft, käme man
zu den unzählig vielen weiblichen und weiblich begeh-
renden Wesen, von denen man nicht so recht weiß, wo-
hin sie genau führen. Wenn das Sie, das d i e für die
Mutter steht, ist das etwas anderes, aber es ist dann ja
gerade das, was für den Psychoanalytiker den Ödipuskomplex ausmacht, das Hängenbleiben an der verführerischen Mutter-Imago, von der man sich doch frei
machen soll, frei für die Aufgaben des Lebens, die Er,
Es, gibt, der Vater als Benenner, *l'Autre,* A, und

natürlich nicht der Mann. Aber auch nicht Sie als universalierend Absolutes.

Das psychoanalytische Konzept ist so aufgebaut, dass, von der Sprache her, von der Linguistik aus gesehen, der Herrensignifikant, dem A, dem Vater als *Anderem* am nächsten steht – genauso nah wie die Frau, die die Muttersprache spricht, damit aber nicht weit genug durchkommt, nämlich genauso wenig weit wie der Mann mit seiner Männersprache. Denn die gibt es zweifellos, die Sprüche, die Gemeinplätze, die Kraftworte und die daher gedroschenen Phrasen, die jeder kennt. Aber die ‚Vatersprache, die des *Anderen*, des puren A, scheint es zu geben`, sie befindet sich versteckt im Umgang mit dem *Anderen*.

Natürlich weiß man heute mehr über das Patriarchat und das Gerede der Familienoberhäupter, dass das auch nicht der Weisheit letzter Schluss ist. Trotzdem geht man in der Psychoanalyse von einer Sprache aus, die dem Prinzip Vater, der Logik, dem Gesetzmäßigen des Paternalen – wie ebenfalls schon diskutiert – am nächsten kommt. Es gelingt auch den Feministinnen nicht ganz, dieses patriarchale Gerede, das väterlich-männliche darüber hinweg oder darunter-hinaus Sprechen, völlig aufzubrechen.

Es hat nämlich, so Lacan, mit dem Unbewussten des Vaters zu tun, das in der phallisch sexuierten Form eine erst recht mächtige Wirkung hat, die früher sogar so weit ging, dass das Begehren des Vaters geradezu Gesetz war, Gesetzmäßiges, G'standenes – wie die Bayern sagen – also mehr als nur ein Wort. Die Feministinnen, meint Lacan daher, verleugnen, dass der Phallus ein Signifikant ist, also etwas stark Wort-Wirkendes, sprachlich Bestimmendes, ein Zug der Erotik der Wahrheit (ein Signifikant, der kein Signifikat hat).

Nur so nämlich hat es auch Sinn von der Liebe zu reden, die ein verfeinertes, subtil und sublim gemachtes Begehren ist, und die manchmal ebenso von daher, von diesem innerlich versteckten Begehren, besonders stark sein kann. Das Sublimieren kostet Kraft, weshalb die Liebe mit einer gewissen Anstrengung verbunden ist, weil sie diese mittlere Position (zwischen zu hoher Verrücktheit und zu niedrigem Begehren) halten muss. Nun gilt in der *Analytischen Psychokatharsis* die so beschriebene Liebe nur in Bezug zu den *Formel-Worten*.

Man muss diese Formulierungen mögen, was manchmal Schwierigkeiten macht. Denn so wie die Widerstände in der Psychoanalyse die Aufdeckung der Wahrheit betreffen, so haben viele Menschen Widerstände gegen die meist etwas seltsame Ausdrucksweise der *Formel-Worte*. Aber dies ist nun einmal ein Handikap, das überwunden werden kann. Wie sollte es anders gehen? Nur unbeeindruckt die Formulierungen denken, kann zu keinem großen Ergebnis führen, ein bisschen

Pathos muss dabei sein, das stört die Wissenschaftlich-keit nicht. Aber es bringt Bewegung in die Sache.

Die Mystiker früherer Zeiten haben dieses Pathos übertrieben, sie haben gemeint, von Gott in extremster Weise geliebt zu werden und sich so in befreiende (kathartische) Ekstase versetzt. Auch die Patienten, die Freud anfangs noch mit Hypnose behandelte, wurden von der Stimme des Therapeuten in eine schlafähnliche Katharsis geleitet, die sie genauso genossen wie die Mystiker ihre Ekstase. Doch im Wachzustand wussten sie wiederum kaum etwas von dem, was sie in dem entrückten hypnotischen Zustand erfahren hatten, weshalb Freud diese Methode zugunsten der reinen Sprechbeziehung verließ. Die Liebe zur meditativen Übung und zu den *Formel-Worten* muss also nicht so ekstatisch sein, aber auch nicht wie im Halbschlaf der Hypnose nur trance-artig und abhängig, hörig und vernarrt in die Stimme des Therapeuten oder in irgend etwas anderes (wohl aber den *Anderen*).

Nicht die Stimme ist wichtig, sondern die Aussage des *Anderen*. Es genügt sich in einer erweiterten Form, in der des *Anderen*, ein wenig selbst zu lieben, wie ich es von der Psychoanalytikerin M. Mitscherlich be-schrieb.[56] Erweitert heißt, über das nach innen Gehen

---

[56] Es handelte sich nicht um einen Narzissmus, sondern um die Liebe zu sich selbst an Hand ihrer Arbeit.

erweitert, und auf das sich innerliche Zuwenden zum Unbewussten (dem Lacanschen *Anderen*) ausgerichtet sein. Der/das *Andere* besteht exakt wieder aus dem Logiker, für den der Vater-Name nicht immer so gut passt, weil er wohl so ein bisschen auch ein versteckter ‚alter ego‘ ist und stets durch seine *Andersheit* nervt. *Anders*, das ist halt nie selbig, nie gleich, nie univok. Genaueres zur genannten Übung ist in weiteren Kapiteln und ausführlich im Anhang zu sehen. Zusammenfassend noch Folgendes:

Das im Kreis geschriebene *Formel-Wort* repräsentiert die Urform des Erscheinungs- und Wort-Wirkenden zum direkten praktischen Gebrauch. So etwas hat es bisher als wissenschaftliches Werkzeug für das Subjekt nicht gegeben. Man hat das Subjekt entweder in die Objektwissenschaften hineingepresst (in die Neurowissenschaften z. B.) oder mystisch-spirituell (in Philosophie, Religion, Esoterik z. B.) verbrämt ausgedrückt. Die Psychoanalyse hat es zur definitiven Subjektwissenschaft gestaltet, geht aber nicht weit genug und ist in der Praxis zu kompliziert. Lacan kommt mit seinem Begriff des ‚symbolischen Automatismus‘, in dem die B(r)uchstaben als Kombinationen von Plus- und Minus-Zeichen fungieren, und mit seiner Topologie dem Kreis des *Formel-Wortes* noch am nächsten.

Wenn das Unbewusste, *Es*, die ‚Sprache des *Anderen*‘ ist, wie Lacan sich ausdrückt, besteht *Es* letztlich auch aus B(r)uchstaben, wie ja der Traum, die Versprecher oder die Witze zeigen, die mit derartigen Buchstaben-Umstellungen spielen. Nun lässt Lacan auch keinen Zweifel daran, dass *Es* auch aus Bildern, Topologien (geometrische Bilder), semantischer Kunst und anderem Erscheinungs-Wirkenden besteht, das Unbewusste also auch mit blendenden Pixeln, verführerischen Farben und vor allem mit magisch anmutenden und halb verdeckten Blicken agiert. Eben, analog den B(r)uchstaben, diesem gebrochenen *Es Spricht*, gibt es auch das *Es, das Strahlt*, das einen bewegend anblickt, anstrahlt wie die Sterne. Es ist der/das ‚l'Autre des astres' wie Lacan behauptet, der/das *Andere(n)* der Gestirne, das *Andere* als die Inflation der Bilder und der ‚Licht- und Strahlt-Punkte'.

Ich habe diesbezüglich weiter oben auf das ‚Werden', das Finale, Kreative und Erscheinungs-Wirkende hingewiesen, das in den kalten Wissenschaften meist zu kurz kommt. Doch früher hat es eben eine zu mythisch-msystisch-magische Form angenommen, mit der man heute nicht mehr anfangen kann. In der Bibel sprach man ganz ungeniert von den ‚Gesichten', die den besonders Gläubigen zu sehen gegeben wurden, und von Prophezeiungen, die sie äußern würden, also von Visionen, Einbildungen, Halluzinationen und Ideologien.[57]

---

[57] Apostelgeschichte 2; 17

Es gab die ‚Seher‘, wie im Altgriechenland Theiresias oder im Mittelalter Nostradamus und heute eben den Hinweis auf den *l'Autre* des astres, den *Anderen* der Sterne. Ich muss dies alles so herausstellen, denn das Erscheinungs-Wirkende kommt in der klassischen Psychoanalyse zu kurz.

Aber wie sollte man es auch in die von der Sprache so stark beherrschte Wissenschaft v o m Subjekt einbinden? Lacan brachte es lediglich mit topologischen Figuren ins Spiel, von denen einige unten gezeigt sind. Es

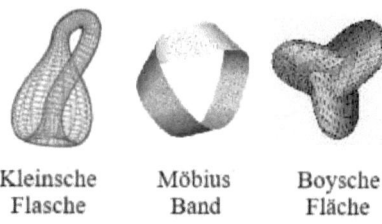

| Kleinsche | Möbius | Boysche |
| Flasche | Band | Fläche |

ist ersichtlich, dass diese Bilder interessant sind, aber wie sollen sie das uferlose Erscheinungs-Wirkende, die Strahlt-Punkte, das Luzide oder das bildlich Unbewusste verbindlich, brauchbar, anwendungsfähig vermitteln? Die Visionen und ‚Gesichte‘ der Apostel hatten vorgegebene Inhalte, sie waren eingeengt auf die religiösen Figuren, aber ein nach modernen, wissenschaftlichen Methoden Meditierender will, wenn überhaupt, etwas für ihn Relevantes sehen, den ‚Wahrheitsspiegel‘, von dem ich im 2. Kapitel geschrieben habe, oder Ähnliches.

Nun darf er nicht zu viel Wahrheit enthalten, denn in der *Analytischen Psychokatharsis* ist der erscheinungswirkende Teil eng mit dem wort-wirkenden verbunden. Darin liegt ja gerade die Besonderheit, das Konkrete, das die Psychoanalyse entscheidend Verbessernde, Erweiternde, in Form dessen, was ich analog zu den *Formel-Worten, Pass-Worte* nenne, die aus dem Unbewussten, aus dem Inneren herausgehört werden können. Es genügt also nicht nur die rein sprachliche Deutung des Psychoanalytikers zu hören, das die Wahrheit betrifft, die eben im Kausal-Zusammenhang mit den Symptomen des Patienten steht. Es muss auch der Final-Zusammenhang, das Luzide, Wahrheits-Gespiegelte, das l'Autre des astres, zum Zug kommen.

Nochmals: Dieses *Andere* der Sterne, des strahlenden Blicks, des Luziden, schenkt im Traum, aber auch in der Meditation, im nach innen Schauen, die Erfahrung durch das bildhaft Unbewusste zu . . . ja, zu was? . . . zu gleiten, zu schweben, zu . . . nein, das alles geht eben nicht, man braucht einfach die Staben des Wortes dazu. Es handelt sich um das e i n e Wort, das leicht gebrochene, die ‚Minus Null‘, die Verbindung des Erscheinungs- und Wort-Wirkenden, das ‚Ding‘ als solches, das Lacan in seinem 3. Seminar ins Zentrum stellte und stets auf Deutsch formulierte.

Die inneren Bilder und Blicke sind zu uferlos, und so hatte Lacan *Es* nicht nur als topologische Figur, sondern auch als ‚Ding' favorisiert, abgeleitet vom Kant'schen ‚Ding an sich'. Doch Lacan wollte es zum unbewusst Geheimnisvollsten machen, zum Ur-Verdrängtesten, zum eindeutig Wort-Erscheinungs-Wirkenden des *Anderen* per se, in dem also beide Grundtriebe vereint sind, wie ich es gerade eben für die *Analytische Psychokatharsis* formuliert habe. Lacan, der so intelligent und dazu sachlich perfekt war, dass man nicht anders kann, als überzeugt zu sein, benannte das ‚Ding' deswegen auf Deutsch, weil das Französische la chose, die Sache, wegen seiner kalten Objekthaftigkeit nicht für höhere Zwecke zu gebrauchen war.

Trotzdem liegt da der Haken, der für die Psychoanalyse so typisch ist. Analytiker und Patient, Fachinstitut und Fachzeitschrift, sie alle können das ‚Ding' subtil besprechen, stürmend beschreiben, wissenschaftlich einkreisen, aber sie können nicht vermitteln, was man innerhalb dieses luziden Gebildes, dieses scheinbaren alles bedeutenden ‚Dings' definitiv herausholen kann. Die Mystiker früherer Zeiten haben doch aus den Sternen die Wahrheit herausgelesen, aber in wissenschaftlicher psychoanalytischer Weise bringen die Menschen es nicht mehr zustande – und das heißt hier in die fürs Psychoanalytische charakteristisch ‚libidinöse' Form. Nur bei den Frauen, schreibt Lacan, schließt sich die Libido zum erfahrbaren, nicht mehr so verblendenden Kreis, denn sie ist kreisender „fließender Rhythmus", psychische Wellenfunktion, flimmerndes Körperbild, zu dessen Erklärung ich noch kommen muss.

Nun kommt diese Kreisbewegung der Libido auch bei den Frauen manchmal nicht richtig zum Zug. Die Frauen schätzen diese ihnen eigene Libido nicht so sehr, es ist nicht so ganz ihr ‚Ding‘, obwohl es damit sehr wohl zu tun hätte. Auch die Heilige Mechthild von Magdeburg, die ihre Libido etwas ‚Dinghaftes‘ nannte, nämlich ein dingartiges ‚Licht‘ – sie nannte es ein ‚fließendes Licht‘ – wobei der Licht-Begriff psychoanalytisch wieder den Schautrieb, die Schaulust, den Glitzer des ‚*l'Autre* des astres‘ betrifft. Es geht um die auf der Ebene der Freud'schen Vorstellungsrepräsentanz etablierte spiegelnde Instanz, die man zum eigenen Fortschritt nutzen kann, die aber eben ganz allein nicht ausreicht. Es braucht, erneut gesagt, zusätzlich das wortwirkende Narrativ.

Das Kant'sche ‚Ding an sich‘ wurde von Schopenhauer schon zum Willen, also zu einem Vorgang des Subjekts, umgewandelt, weil es mit einer physischen, objektiven Größe einfach nicht mehr fassbar war. Bei Lacan und in der *Analytischen Psychokatharsis* steht ebenfalls der Subjektbezug im Vordergrund, es dreht sich um das ‚Ding‘ als einen Zusammenschluss vom Erscheinungs- und Wort-Wirkendem – doch so klingt es wieder sehr abstrakt. Es ist eine eindrucksvolle Erfahrung dieses ‚Dings‘, dieses Dinghaften, das leer ist, hohl wie eine fast unendliche Lücke, auratisch und doch so wichtig, so symbolisch.

Diese(r)(s) Lacan´sche *Andere* und sein ‚Ding‘ stellen für ihn eben zusammen überhaupt das Zentrum des Unbewussten und auch des Universums dar, und weil dies nunmehr in jedem Menschen authentisch vorhanden ist, braucht es laut Lacan keinen Universitätslehrer, keinen Lehrmeister. „Der Unterschied zwischen dem 'Ding' und dem Objekt, der chose", schreibt er, „ist also zunächst der, dass das 'Ding' fundamental fremd ist, . . jedenfalls das erste Außen ist als das, woran sich der ganze Weg des Subjekts orientiert".

„Es ist ohne jeden Zweifel ein Weg der Kontrolle, der Referenz, im Verhältnis wozu? - zur Welt seiner Begehren."[58] Ich deute dies so: Wir begehren zu viele Objekte, wir sind zu sehr objektbezogen, und so bleiben wir unten, zu sehr geerdet, anstatt das Objekt – wie Lacan weiter ausführt – 'zur Würde des 'Dings' zu erheben', also zu sublimieren, zu vergeistigen, in der Bewusstheit zu verfeinern. Die simple ‚chose‘ gebliebenen Objekte sind nur bewusstseinsfähig, aber nicht zur vollen Bewusstheit geeignet. Das Bewusstsein ist bei Lacan im Gegensatz zu den meisten, die davon Glorreiches erzählen, nur eine Spiegelung der Außenwelt im Innern. Das ‚Ding‘ ist mehr.

---

[58] Lacan, J., Seminar VII, Quadriga (1996) S. 66f

Ganz klar, dass das ‚Ding' dem Realen nahesteht und sich doch unterscheidet, indem es eher das unsichtbar Wirkende darstellt, das ‚Leere', das aber eben gerade wegen seiner scheinbaren Nichtigkeit wirkt. Ich bin wieder bei der ‚Minus Null', die gerade durch ihre doppelte Verneinung etwas strikt Bejahendes an sich hat. „Das Reale ist ohne Riss, es ist ein Festes, Dunkles, aber das ‚Ding' ist da, wo sich das *Andere* für das Subjekt unübersetzbar zeigt", schreibt J. Bossinade.[59] Sie schreibt auch folgenden schwer verständlichen, wenn auch zutreffenden Satz:

„Infolge des Auftritts des ‚prähistorischen Anderen' [gemeint ist wieder diese Art frühzeitlichster Vaterfigur, Gott, Urahn] erfährt das menschliche Subjekt eine ‚Distanz', durch die es sich von einem Zustand ‚entfremdet'[nämlich dem „Ding"], den es nachträglich als bruchloses Reales bzw. als geschlossenen Mutterleib imaginiert". Eine Rückkehr zum eigentlichen ‚Ding' – und das ist ja bei der ‚Minus Null' genauso – ist also nicht mehr möglich, aber es bleibt einem als Leere und Selbstsublimation erhalten. Es ist nicht Nichts, aber es kann von jedem Einzelnen – und nur von ihm – in konkreter Praxis erfahren, gestaltet, gelebt, geliebt und gegengeliebt werden.

---

[59] Bossinade, J., Theorie der Sublimation: Ein Schlüssel zur Psychoanalyse und zum Werk Kafkas, K&N (2007)

Nichts kann deutlicher zeigen, dass das ‚Ding' einen
wichtigen Platz in der Wissenschaft v o m Subjekt einnimmt und nur durch eine derartige Praxis vermittelt
werden kann, wie sie – für das Globale und die heutige
Zeit – in der *Analytischen Psychokatharsis* geboten
wird. Denn das ‚Ding' ist nichts Beschreibbares, es ist
nur individuell erfahrbar. In der üblichen psychotherapeutischen (psychoanalytischen) Sprechstunde, in Religion und Philosophie kann dieses Reale nicht erreicht
werden, weil man dort nicht einmal die Schein-*Strahlt*-
Welten des ‚Dings' wie den Luziditätspunkt zu sehen
bekommt, sondern nur über sein Geheimnis hinter vor-
gehaltener Hand tuscheln darf.

Klar, dass diese letzte Bewusstheit des ‚Dings' bevorzugt auch in der Ästhetik des Sterbens erfahren werden
kann, oder man auch im extremen Rückzug in Meditation und anderen Körpertechniken schon während des
Lebens mit ähnlicher Intensität Kenntnis davon haben
wird. In den herkömmlichen Psychoanalysen, so sehr
ich diese schätze und auch als Therapeut ausgeübt
habe, wird man nie dahin kommen, und für die Behandlung von Neurosen ist es auch gar nicht unbedingt notwendig. Aber im Falle psychosomatischer Erkrankun-
gen und von Persönlichkeits- oder Somatisierungsstö-
rungen ist es ohne eine tiefgreifende Umschaltung wie
die zur Katharsis und zum *Pass-Wort* wahrscheinlich

nicht ausreichend, nur eine herkömmliche psychoanalytische Therapie durchzuführen.

Es ist nicht leicht zu begreifen, dass vor allem äußeren Wissen, vor aller philosophischen, religiösen (sogenannt ‚spirituellen‘) oder wissenschaftlichen Kenntnis, dieses Innere von der ‚Minus Null‘ ausgehende Erfahren notwendig ist, um überhaupt etwas Definitives aussagen zu können. Erst muss man sich kennen, dann andere, erst muss man Mensch sein, dann Professor, erst Bezwinger der ‚Minus Null‘, dann Mathematiker. Und so muss ich erst mit dem Reden und Schreiben aufhören, um zum ‚Ding‘ zu kommen. Ich muss lediglich zur Vertiefung des bereits Geredeten und Geschriebenen noch ein Kapitel für die praktische Orientierung anhängen, in dem endgültig klar wird, dass man unter dem ‚Ding‘ auch so etwas wie das *Formel-Wort* subsumieren kann, das ja nichts heißt, wohl aber wie die ‚Minus Null‘ das Eigentliche ist, das zählt.

8. Die vier Diskurse

Ein letztes Mal will ich versuchen, die der Liebe unterstellte Wissenschaft als eine Praxis darzustellen, die man ohne weiteres Sprechen und Schreibern lediglich noch auszuüben und anzuwenden braucht und die sozusagen inmitten der ‚Minus Null' alles zählen überflüssig macht. Ich habe mit dem Vorläufer des ersten Wortklang-Bildes oder Buchstabens angefangen, mit dem Namenslaut, dem Herren-Signifikanten, also mit demjenigen, der sich gegenüber dem einfachen Menschen als Bestimmer in Position gebracht hat. Doch wie genau ist es überhaupt dazu gekommen? Die ‚Minus Null', die ich schon auf der ersten Seite dieses Buches mit der Nicht-Existenz zusammenbrachte, bzw. gleichsetzte, ist nichts mit der man schon in der Schule zu rechnen lernt, bedeutet in diesem Fall nur die Bezifferung dieses absoluten Mangels, des grundlegenden Fehlens jeglichen Existierens, das mir ermöglicht hat, nichts anderes als Voraussetzung zu nehmen.

Klar, wenn etwas grundsätzlich fehlt, muss man anfangen mit etwas unter der Null. Jeglicher, sonstiger Anfang wäre noch vordergründiger erfunden. Ich habe es bereits im Beginn dieses Buches so erwähnt und auch darauf hingewiesen, dass der Urknall nicht besonders gut für den Anfang taugt. Lacan setzt daher die ‚Minus Null' als ein ‚Sich selbst Genießen' an diese Stelle, mit dem man nicht einmal zählen kann, das aber wie eine logische Notwendigkeit dazu führt, dass überhaupt etwas passiert. Er behauptet, dass – wie ich erwähnte – nicht nur Tiere und Menschen genießen können, sondern schon Pflanzen und selbst prokaryotische Einzeller und selbstverständlich auch das ganze Gewusel der Kräfte und Sterne überhaupt.

Und warum das Genießen? Weil – wie schon von Lacan zitiert – die „Weisheit das Wissen ums Genießen ist", und das kann man ja nicht unterschlagen.[60] Obwohl also alle Welt genießt, ist nur der Mensch fähig, Wissen davon zu haben. Doch er hat die Chance zur Weisheit verpasst, zumindest zu großem Teil, denn damit, dass die Menschen sich erhoben haben und den erwähnten ersten hervorgestoßenen Laut von sich gegeben, mit dem er den Herren-Signifikanten, bzw. den Herrendiskurs angestoßen hatte, hat er zwar vom Wissen etwas gewonnen, das wahre Genießen, die „Jouissance' aber verloren. Auf jeden Fall behauptete bereits Hegel so etwas und verknüpfte es mit der Beziehung des Herrn zum Knecht, zum Arbeiter. Aus dieser Beziehung leitete später Freud – wie ich es schon erwähnt habe – die Beziehung zur Frau ab, in der ebenfalls das verlorene Genießen die Hauptrolle einnahm.

---

[60] Lacan. J., Seminaire XIX, seuil (2011) S. 169

Das Ganze klingt ein bisschen wie nach dem verlore-
nen Paradies, nur dass diesmal niemand daraus vertrie-
ben wurde, sondern die Menschen es selbst, von sich
aus, verlassen haben. Allerdings aus den gleichen
Gründen wie bei Adam und Eva im Alten Testament,
nämlich nach einem sexuellen ‚faux pas‘. Lacan hat immer daran herumgezetert, dass ein Geschlechtsverhältnis gar nicht existiert, das heißt, es scheint, *Strahlt* hell
und phantastisch, aber im logischen Sinne, in dem man
etwas davon sagen könnte, indem es sich beschreiben,
anerkennen und attestieren ließe, existiert es nicht. Es
ist eine Beziehung nur dem Anschein nach, denn sie
geht immer daneben und ist eine Freud'sche Fehlleistung, ein Patzer aus Unwissenheit und unbewusster
Angst.

Weil der Herr versagt, hat Freud ihm also die Frau als
diejenige gegenübergestellt, die ihm das verloren ge-
gangene Wissen über das Genießen wieder beschaffen
sollte. Doch so ganz kommt sie dieser Wunschvorstel-
lung nicht nach. Der Diskurs der Frau (die bei Freud
und Lacan vorwiegend die Hysterika heißt), „enthüllt
die Beziehung des Herrendiskurses zum Genießen, und
zwar dadurch, dass sie noch einen Rest des Wissens davon besitzt. Das Subjekt [die Frau] selbst entfremdet
sich dem Herrensignifikanten als das, was der Signifikant spaltet [das heißt: was er sprachlich unklar lässt]
und weigert sich so, sich zum Körper dieses

Signifikanten zu machen" [eine wunderbare Finte, die es Jahrtausende erlaubt hat, so etwas wie die Ehe zu etablieren].[61]

Und weiter: „Auf ihre Weise befindet sich die Frau in einer Art Streik. Sie liefert ihr Wissen nicht aus. Indes demaskiert sie die Funktion des Herrn, mit dem sie dennoch solidarisch bleibt, indem sie das Herrenmäßige an dem herausstreicht, was das *Ein* mit großem E ist, dem sie sich als Objekt seines Begehrens entzieht. Da liegt die eigentliche Funktion, die wir . . seit langem bestimmt haben unter dem Titel des idealisierten Vaters", schlussfolgert Lacan. Damit kann ich wieder an die Problematik der nun schon mehrmals zitierten Vatermetapher anknüpfen. Alles dreht sich im Kreis der männlichen Dominanz, das Kraft-Wortes (Herren-Signifikant), und des eigentlichen Genießens, des Wissens darüber, sowie der sexuellen Beziehung sowie der zu betonten Idealisierung des Vaters und wie die letztliche Wahrheit über all das zu finden sei.

Lacan kommt im Weiteren auf die berühmte *Dora* zu sprechen, Freuds Patientin, deren Vater impotent war. Es hindert jedoch nichts, dass der so eingeschränkte Vater eine symbolische Wertschätzung hat, und dass man im „Wort Vater etwas impliziert, das im Hinblick

---

[61] Lacan, J., L'Envers de la psychanalyse, Edit. Seuil (1989) S. 106-107 (Übersetz. G. Schmitz)

auf die Schöpfung immer in Kraft ist, .. was seine Stellung im Verhältnis zur Frau stützt, obwohl er außerstande dazu ist". Das untern stehende Schema Lacans soll nochmals das eben gesagte auf formelartige Weise vermitteln. Auf der Seite des Herren links stellt der Herren-Signifikant das Agens, den Agenten dar, gekennzeichnet als Signifikant (S_1, Signidfikant 1), während sich auf der anderen ren Seite der Platz der Frau samt ihrem Genuss-Wissen befindet

Herrensig-nifikant	$\Longrightarrow$	Wissen der Frau
Wahrheit		Genießen

(S_2). Der Kreis schließt sich im Feld der Wahrheit wieder beim Herrn auf der linken Seite.

An anderer Stelle schreibt Lacan es nämlich auch mit weiteren, generellen, formelartigen Begriffen, weil nicht nur diese eine Form des Diskurses bestimmend für das unbewusste Geschehen beim menschlichen Subjekt ist. Insgesamt kreierte Lacan vier derartige Schemata, die nunmehr mit einfachen Buchstabensymbolen besetzt sind und deren Verständnis man ruhig zuerst einmal überlesen kann. Wiederum geht es um vier Positionen, Plätze, in denen sich die Buchstaben Beziehungen untereinander zuweisen und dann im Kreis weiter herumdrehen. Weil der Herr (Position des Agierenden und Dominanten als (S_1) sein ursprüngliches Wissen und Genießen mehr und mehr einbüßt, sich also als

Subjekt in (\$,) aufspaltet als nunmehr quergestriche-
nes, gestörtes Subjekt wiederfindet.

In dieser Form muss er sich im Anderen, in der Frau,
das Wissen (S_2) besorgen. Es geht um das Wissen vom

Diskurs des Herrn	Diskurs der Universität	Diskurs der Hysterikerin
$\dfrac{S_1 \to S_2}{\$ \quad a}$	$\dfrac{S_2 \to a}{S_1 \quad \$}$	$\dfrac{\$ \to S_1}{a \quad S_2}$

Genießen (**a**), das Begehrens-Objekt, das Lacan auch
das Mehrlust-Objekt nennt, das wie alle Lust – laut
Nietzsche – Ewigkeit will. Unweigerlich verfällt der
Herr so der süchtigen Gewohnheit und muss sich durch
ständiges Wiederholen seines Herren-Lautes, seines
Ausrufs zur Dominanz, seines Potenzgehabes, über
Wasser halten. Die Psychoanalytiker sprechen in diesem Sinne vom Wiederholungszwang, den sie auch
dem sogenannten Todestrieb zuordnen (der freilich alle
betrifft, insofern alle irgendwie auch am Herren-Diskurs teilhaben, was ja auch der Grund ist, warum ich
gar nichts mehr sagen und schreiben möchte).

Nun geht es der Frau weder schlechter noch besser. Sie
ist nicht – wie Lacan bezüglich Hegels Beschreibung
des Herren-Diskurses anmerkt, bei dem der Knecht als
nicht so privilegierte Arbeiter in der Position (S_2) stand
– ein solcher Hegelscher Knecht. Das ist die Frau bei
Freud und Lacan absolut nicht. Sie ist sich ihrer

Position durch ein Geflecht von Gefühlen und Emotionen und praxisnahem Denken sicher, denn sie ruht noch ein bisschen im originären Wissens-Genießen, in dem besagten „fließenden Rhythmus" und den familiären Verbindungen. Auch wenn sie damit nicht immer das (S_1) der Dominanz erreicht, so verfügt sie doch handsamer, gewandter, wendiger, über das Mehrlust-Objekt (a).

Sie kann diesbezüglich in eine Art des Ausstands treten und vor allem: „Sie hält – wie gesagt – ihr Wissen vom Genießen zurück und demaskiert so die Funktion des Herren, mit dem sie ansonsten bezüglich dessen sogenannter Väterlichkeit verbunden bleibt. Der Vater (der Padre Patrone) wirkt so ein wenig wie ein Kastrat, der einfach nicht alles bekommt, was er sich vorgestellt hat, der aber – das sei nochmals betont – als Respektsperson und schöpferische Kraft hochgehalten und idealisiert wird. Auch so gesehen lässt sich der Diskurs der Frau als ausgehend von ($), und das heißt als vielschichtiges, aber inflationäres, manchmal neurotisches und doch die Erotik der Wahrheit erahnendes Subjekt begreifen.

Nun haben die Herren gemerkt, dass ihr Diskurs mit dem der Frau nicht so leicht zusammengeht, und haben so eine Weiterentwicklung diskursiver Art angestrebt. Sie haben sich gesagt, dass sie sich das Genuss-Wissen auch selber beschaffen könnten, indem sie Institute, Akademien, Universitären und Orte des Lernens gründeten. Dem Universitätslehrer als dem nunmehr offiziell eingesetzten Agenten des Wissens (S_2) steht so jedoch der Student als Anderer (Genuss Objekt (**a**)) gegenüber (siehe Diskurs der Universität in der Abbildung vorletzte Seite). Doch das Diskurs-Problem hat sich nur verschoben. Der Student war jetzt in der Position des Knechts oder der Frau, was ihn wiederum ein gespaltenes und ebenso noch inflationäres Subjekt ($) sein ließ, und der dem Professor wiederum den Signifikanten (S_1)verschaffte.

Nochmals also: Der Mann, der sich durch markantes und iteratives Sprechen im Herren-Diskurs befindet, stellt sich als dominant Agierender (S_1) links oben der Frau als wissende Andere gegenüber, die wie gesagt das Genießen (**a**) verwaltet und so die Wahrheit des Herrn zu der eines gespaltenen Subjekts macht ($). Er weiß eben in der Liebe nicht weiter und „ejakuliert beim Sex am Höhepunkt seiner Angst".[62] Die Frau nun geht in ihrem Diskurs von der Vielschichtigkeit, vom Divergierenden ihrer Subjektbezogenheit aus ($), trifft im Anderen den Herrn in seiner Dominanz (S_1), und hat die Position inne, wo Wissen produziert wird (S_2), mit dem sie in (**a**) die eigentliche Wahrheit des Genießens vorhält. Der Student nunmehr produziert für den Professor in dessen ‚lerne mehr, lerne, lerne' folgend das

---

[62] Lacan, J., Seminar XXII, Staferla, S. 16

$$a \rightarrow \bar{S}$$
$$\overline{S_2 \quad S_1}$$

Diskurs
des Analytikers

Genussobjekt (**a**), so dass dieser glauben kann, er genieße sein Herr-Sein bis hin zur Weisheit. Doch er täuscht sich, er bleibt Herr und nicht Weiser.

Fehlt noch der vierte Diskurs, der des Psychoanalytikers. Er muss aus der Position von (**a**) heraus agieren, wo er seine Verstrickung ins Genießen als Agent gegenüber dem psychisch gespaltenen Patienten ($\$$), der sich neurotischerweise für den Herren hält (S_1) vertreten muss, und so das Wissen (S_2) zur Wahrheit bringt. Es handelt sich nun nicht mehr um das originäre Wissens-Genießen, das sich die Frage nach der Wahrheit gar nicht stellte, denn wie in der gesamten Natur war es im Unbewussten, im Verdrängten des Herrn, noch nicht so durch ausufernd oberflächlich Sprachliches verloren gegangen. Auch wenn es sich im Unbewussten nicht um die das übliche Verbale handelt, sondern nur um B(r)uchstaben oder gar um ‚Gesichte', Erscheinung-Wirkendes und Ähnliches, man kann es mit viel Anstrengung und Zeit eventuell entziffern.

So handelt es sich nunmehr um die Wahrheit des Diskurses als solchen, die Wahrheit des universellen Diskurses. Das klingt jetzt ein bisschen anspruchsvoll und kompliziert, weshalb ich mit der *Analytischen Psychokatharsis* durch deren wissenschaftlich begründete Praxis einen sehr viel einfacheren Weg aufzeigen will. Denn zusammengefasst: Es waren alle nicht schuldlos, weder der Herr und sein Gefolge von Knechten bei Hegel, von Proletariern bei Marx und von den Frauen bei Freud, und schließlich auch noch die Universität mit den Herrn Professoren und Studenten, die ihnen in den sechziger Jahren des letzten Jahrhunderts das Spruchband vorhielten: ‚Unter den Talaren der Muff aus tausend Jahren‘, worauf diese im typischen Herren-Diskurs riefen: „Ihr gehörts alle ins KZ".

Denn nachdem alles so schwierig geworden war, übernahmen die Universitätslehrer mehr und mehr den zum absoluten Wissen verfeinerten und steril formalisierten Diskurs, der – auch bei Marx – den Wahrheits-Bezug völlig veränderte. Doch es reichte nicht ganz zu einer endgültigen und vor allem reifen Lösung. Für das Ziel eines universellen Diskurses müsste sich das Wissen der Wahrheit unterordnen, und nicht wie beim Diskurs der Universität, wo sich Wahrheit dem total ausformulierten und studierten Wissen zu fügen hat. Das ist sozusagen der heutige prekäre Stand der Un-Weisheit. Lacan ahmen sie nur nach, wo er doch sagte, dass man ihn nicht imitieren sollte, er wolle nicht als Blaupause in die weiterführende Wissenschaft eingehen.

Wer beispielsweise kennt schon Lacan? Aber selbst die, die ihn kennen, bleiben weit hinter seiner Lehre zurück, und schon gar nicht gelingt es ihnen, diese Lehre in einem völlig anderen Diskurs weiterzuführen. Denn das war das Entscheidende. Freud hatte mit der

Einbeziehung des Unbewussten in den herkömmlichen, wissenschaftlichen Diskurs dieses völlig Andere ins Spiel gebracht, Lacan hat dies erneut mit Hilfe der Linguistik und der Signifikanten in ebensolche paradigmatische Veränderung geführt. Und jetzt? Nur Persiflage des immer schon Dagewesenen.

Bei den Hegel-Schülern war diese Nachahmungs-Manie schon bald dadurch sichtbar, dass „die „Ersetzung des Herrn durch den Staat erfolgte, die sich auf dem langen Weg der Kultur vollzogen hat, um beim absoluten Wissen zu enden."[63] Trotzdem gibt es heute noch jede Menge von Hegel-Veranstaltungen und -Tagungen, die nur wiederholen, was schon wiederholt worden ist. Sich stets im originären Wissen über das Genießen zu bewahrheiten, nur das würde die eigentliche Lösung und sogar die profunde Weisheit sein, aber eben genau das ist dem Herrn und in der Folge auch der Universität verloren gegangen, und den Knechten, Proletariern, den Frauen und letztlich den Studenten, die den primären Zugang dazu gehabt hätten, nicht ausreichend genug gelungen.

Die Sechziger-Studentenrevolte versandete völlig, Proletarier gibt es immer noch, die Frauen sind wie eh und je fast die gleichen und – wie gesagt – die Psychoanalyse schafft den notwendigen Wandel auch nicht

---

[63] Lacan, J., L'envers de la psychanalyse, Ed. Seuil, (1998) S. 90

genügend. Mit der *Analytischen Psychokatharsis* kann ich nun eine andere Diskursformel aufstellen, und es wird die sein, die dem Diskurs der Hysterika (dem Neurotischen und der Frau) am stärksten ähnelt, denn dort kommt man am schlechtesten weg (auch als Mann, der ja ebenfalls hysterisch sein kann). Er/Sie, die bei Lacan als das gespaltene oder inflationäre Subjekt ($\$$) gilt, das also nur diffus agiert, bekommt jetzt Hilfe durch das reine B(r)uchstaben-Geflecht, das nichts sagt und ihr/ihm somit das eigene Reden wieder voll zurückgibt durch das *Formel-Wort* (FW) in der Abbildung unten.

Mit diesem Kraft-Wort, mit diesem dominanten Reden konfrontiert er/sie den Anderen, den Herren-Diskursler (S_1), der auf seinem rudimentären Wissen (S_2) thront, bis es von der anderen Seite herkommt oder universitär verramscht wird. Es geht jedoch hauptsächlich um das *Andere* in der Frau und in all denen, die selbst unter dieser Diskurs Kategorie gezählt werden wie die Neurotischen, wie die Studenten, die noch nicht die Reife haben oder die Schwachen und Kranken ($\$$), alle also, die sich wehren und stärken wollen, ohne deswegen irgendwie politisch oder radikal sein zu müssen. Ich zeige die Lösung in der nebenstehenden Abbildung.

$$\frac{FW}{a} \rightarrow \frac{S_1}{PW}$$

Diskurs der Analytischen Psychokatharsis

FW, die *Formel-Worte* helfen (**a**) im Griff zu haben (linke Seite der Figur, die nunmehr lediglich eine

andere Beschriftung des Diskurses des Analytikers darstellt), was auch für die – an dieser Position befindliche
– Wahrheit steht, die damit die Wahrheit des wahren
Genießens ist, die Wahrheit der ‚Jouissance'. Die phy-
sische Person des Psychoanalytikers wird nicht mehr
unmittelbar gebraucht, er kann als Berater im Hintergrund agieren, wenn es um die Deutung der *Pass-Worte*
geht, die das Wissen auch wörtlich vermitteln. Ich bilde
es mit dem Zeichen PW hier in
der obigen Abb. ab, wo das *For-*
mel-Wort also der Agent ist und

$$\begin{array}{ccc} \text{Agent} & \Longrightarrow & \text{anderer} \\ \hline \text{Wahrheit} & & \text{Produktion} \end{array}$$

das *Pass-Wort* in die Position des Produkts, des Produ-
zenten (rechts unten) kommt (zur Verdeutlichung hier
nochmals das Schema der Positionen, bei dem im
Herren-Diskurs das (**a**) stand, und beim Analytiker das
(**S₁**)

Während im analytischen Diskurs der Analytiker sich
selbst als (**a**) zum Agenten machen musste, jedoch in
totaler Zurückhaltung und Isolation (sich prostituieren
aber dabei prüde bleiben, wie Lacan monierte), kann es
der Übende in der *Analytischen Psychokatharsis* ohne
Zurückhaltung in der Katharsis erfahren, was nicht hindert es zu genießen – entweder durch ein *Pass-Wort* bestätigt – oder zurückkehrend zum *Formel-Wort* und
dem damit folgenden Weiterüben. Der Übende ist
sozusagen der FW-Agent, von ihm geht der *analytisch-*
psychokathartische Diskurs aus. Im Gegensatz zum

Diskurs des Herren oder der Universität hat (**a**) nicht nur etwas mit dem als Abfall, als Verlustresultat der Mehrlust, zu tun, sondern auch mit dessen Überwindung, die ein gewisses Genießen („Jouissance') eben nicht ausschließt.

So lange man nämlich die zwei Übungen der *Analytischen Psychokatharsis* absolviert bzw. probt, also pro Tag eine bestimmte Zeit, die genügt, um das Ergebnis bis zum nächsten Tag zu bewahren, kann (**a**) zwar bewusst, aber nicht unmittelbar tätig werden. Man kann in der „Jouissance' verweilen, fällt aber dem „Plaisir' nicht zum Opfer, auch wenn man davon ausgehen muss, dass beide Formen des Genießens sich überschneiden. Eben deswegen nenne ich das Ganze auch eine Erotik der Wahrheit und eine der Liebe unterstellte Wissenschaft, die hier in anderer Form – nämlich meditativ – immer wieder einmal durch die Freud'schen Sexuierungen hindurch muss.

Die Sache verläuft so: in der ersten Übung achtet man auf das, was (anfänglich erst mit geschlossenen Augen) vor einem erscheint, am besten nur das Blickgefühl, eine Helligkeit, eine Luzidität (Lacan spricht diesbezüglich von einem „ultrasubjektiven Ausstrahlen' oder dem „Strahlt-Punkt' des Erscheinungs-Wirkenden). Gleichzeitig wiederholt man vier bis fünf *Formel-Worte*, die einem also nichts sagen, aber das Wort-Wirkende in seiner intensivsten Form, nämlich als leere, tote Signifikanten aufrecht erhalten und so weiter führen in Richtung auf die Katharsis (Erotik) und auf die zweite Übung, die der *Pass-Worte* (der Wahrheit).

In den üblichen Meditationsverfahren werden die Signifikanten nicht dermaßen leer gehalten (wie in den *Formel-Worten*), immer werden Worte, Phrasen, kurze Sätze, Mantren, Vorsätze, etc., verwendet, die die Richtung der Meditation somit nicht neutral bewahren, sondern ins zu wache Bewusstsein und in Bedeutungszusammenhänge bringen, die zu einseitigen, vorgefassten Wirkungen führen. Zwar tritt in jeder Meditation, wenn sie gut gemacht ist, nach längerer Zeit ein Entspannungsempfingen, ein Lockerungsgefühl, ja eine leichte Katharsis auf. Es kommt aber kein dauerhaftes Ergebnis zustande, wenn und weil der analytische Teil in der Methode fehlt.

In der *Analytischen Psychokatharsis* kommt eine zweite Übung ins Spiel, wenn sie nicht ohnehin schon nach einiger Zeit des Fortschreitens mit der ersten Übung eingetreten ist: ein inneres Hören, das Wahrnehmen eines wie von Ferne oder aus der Tiefe herkommenden Lautes oder Wortes bzw. *Pass-Wortes*. Denn die *Formel-Worte* regen das Sprechen an, das auch – wenn es nicht von selbst dazu kommt – durch die zweite Übung konkret angeregt wird (und dies ist als Hören auf den inneren Ton meistens am Anfang nötig). Hat man also etwa zwanzig Minuten mit der ersten

Übung verbracht, kann man dahin wechseln, sich auf den inneren Ton von oben oder rechts im Kopf herkommend zu konzentrieren.

Zwar liegt das Sprachzentrum seitlich links im Gehirn, aber rechts liegt das mehr prosodische, klangbezogene Zentrum, von dem her nicht gleich zu sehr bedeutende sprachliche Gedanken geweckt werden, sondern erst einmal nur die basalen Laute, die unbewusst immer in jedem Menschen vorhanden sind. Dies wird im erwähnten Artikel des Wissenschaftsredakteurs S. Schramm bewiesen, den er mit der Überschrift „Der Klang des Nichts" versah, wo er über Experimente eines Akustik-Technikers berichtete, in dessen absolut schalldichten und auch schallschluckenden Raum man schon nach kurzer Zeit alle möglichen Töne und Laute wahrnimmt oder zu hören vermeint.

Mit anderen Worten: diese künstlich verstärkte extreme Stille fängt schon nach kurzer Zeit an laut zu werden, wie man oft sprichwörtlich sagt, aber auch hier ist nur die knappste Art, der ‚Laut' als solcher für mein Vorhaben bedeutsam, denn er ist ja schon immer von vornherein da. Er repräsentiert ja den Entäußerungs- bzw. Sprech-Trieb in seiner primärsten Form. Auch wenn man das wahrnimmt, was ich die *Pass-Worte* nenne, deren Form ich noch erklären will, bzw. im Anhang ausführlich beschreibe, bleibt man anfänglich bei dem nach innen Hören (besser rechts oder in der Mitte des

Kopfes). Da ja das innerlich Gehörte nicht vom formalisierten Wissen des grammatisch Getrimmten beherrscht ist, sondern vom unbewussten, sich selbst Wissenden, Genuss-Wissenden, kommt man mit den *Pass-Worten* der Erotik der Wahrheit näher. Manchmal klingt es wirklich so, als flüstere der/das *Andere* einem in amouröser Form etwas zu.

Damit kann ich weiter einen Vergleich mit der Künstlichen Intelligenz (KI) ziehen, denn sie sieht so aus, als wäre sie auch eine ‚Minus Null'-Methode. Zumindest gibt es bei ihr auch den Bereich der leeren, der toten Signifikanten, und zwar in Form einer toten Maschine, die mit einer Überzahl an Signifikanten (Worten, Sätzen, Silben, Sprüchen) gefüllt ist. Doch die Überzahl führt nicht wie bei den *Formel-Worten* zu einer Umkehr jeglichen Sinns. Trotz zahlreicher Bedeutungen, zwingt die KI den Anwender einen aus Algorithmen, also Rechenanweisungen, erschaffenen Sinn anzunehmen. Während bei den *Formel-Worten* ein Algorithmus zum Zug kommt, der die Kurz-Formulierungen der lateinischen Sprache (jede andere könnte es auch sein) so berechnet, dass – wie schon geschildert – mehrere Bedeutungen überdeterminierend einen Sinn verhindern, damit der wahre Sinn aus dem eigenen Unbewussten kommt, verhält es sich bei der KI umgekehrt.

Bei ihr versuchen die Rechenanweisungen weltweit übliches Gerede, unterschiedslos ob Sinn oder Bedeutung, standardisiert nach Ähnlichkeiten und statistischen Wahrscheinlichkeiten, zu einem eben künstlich erstellten Reden zusammen zu fassen. Gar nicht algorithmisch, sondern nach Vorstellungen der Ersteller werden alle Inhalte nochmals gefilzt, um ihre (auch wirtschaftliche) Verwertung vor sogenannt kriminellen, pornographischen, paranoiden, und anderen willkürlich nicht gewollten Aspekten zu schützen. Das Unbewusste wird damit nicht geweckt, um eigene Wahrheiten herauszugeben – im Gegenteil, ein Unbewusstes kennt die KI ja nicht, sie kann dem eigenen Bewussten nur ein anderes Bewusstes draufsetzen.

Denn die KI (speziell jetzt LLM (Large Language Methods) wie ChatGPT) kann nicht abstrahieren, weder in der Mathematik, aber auch nicht im Slogan, nicht im Bereich des Witzes oder geistiger Sprünge. Sie ist lediglich ein Besserwisser, dem jede Seele fehlt, aber der freilich auch jemanden zu schwacher, ungenauer oder ideologischer Ausdrucksweise verführen kann, wie es auch Politiker, Roman-schriftsteller und Lügner tun. Für eines meiner Bücher habe ich ChatGPT befragt, ob sie sich einen gemeinsamen Nenner vorstellen kann, der für sie selbst und für die Meditation gilt. Schließlich sagte sie, dass beide mit dem Prinzip des „leeren Geistes" gestaltend vorgehen würden. Leerer Geist?

Ich fand das eigentlich nicht dumm, was die KI da sagte, und es erinnerte mich an Lacans Reden, in denen er konstatierte, dass der Psychoanalytiker wie erwähnt ein „leerer Spiegel" sein sollte. Doch das ist etwas anderes. Aber der „leere Geist" der Meditation ist das Nicht-Denken, während es für die KI das gerade erwähnte gefilterte und gefilzte Reden ist. Dazu muss nochmals daran erinnern, mit welchen Prinzipien sie arbeitet, und vor allem mit welchen Inhalt-Filtern sie zugange ist. Denn sie behauptet, dass sie sich damit leer macht, aber ist dies auch ihr Geist? Sie macht nur mit ihrer Sucht auf algorithmische Angepasstheit ihren Anspruch auf wirkliche Geistigkeit leer, also eben darauf, der Super-Besserwisser und Sterilitätsmeister zu sein.

Diskurs der KI und der Universität

$$KI/ \frac{S_2}{S_1} \rightarrow \frac{a}{\not{s}}$$

Ihr ‚Geist' ist voll von Geltungs- und Geschäfts-Erfolg, ihre Ausbeutung von Millionen von Content Filter-Personen im globalen Süden (Kenia, Indonesien), wo zum Teil nur etwa ein bis zwei Dollar pro Stunde verdient wird, ist mehr als sprichwörtlich.[64] Während hinter dem leeren Geist der *Analytischen Psychokatharsis*, hinter den *Formel-Worten*, gerade die Reizfülle steht, ist es bei ChatGPT eine Geistesleere im negativen Sinn. Perfekte Satz-Hüllen verbergen den Nonsens und so agiert die KI ähnlich wie die Universität, sie zeigt ihre Wissens-Macht, ihre Verfertiger

---

[64] Netzpolitik.org/datenarbeit-wie-Millionen-Menschen-fuer-die-KI-schuften

genießen die Hörigkeit des Kunden und machen sich so zum absoluten Herren.

Kurzgefasst: Auch ChatGPT stellt ein bestimmtes Diskurs-System dar, das nunmehr eine starke Ähnlichkeit mit dem Diskurs der Universität hat, denn wie der Professor verspricht sie ja ein Wissen. Wie das Wissen des Gelehrten ist das Wissen der KI (hier wieder speziell das Wissen von ChatGPT) das Ergebnis kognitionswissenschaftlicher Forschung, also beide sind gut miteinander vergleichbar. Wie der Professor eine sachliche Antwort auf eine Frage gibt, so auch ChatGPT, die somit wieder in der Position des Agens, des Dominanten links oben (S_2) im Diskurs-Schema erscheint (Abb. oben). Auch sie macht sich dadurch wie der Universitätslehrer zum Herrn (S_1) links unten, und zwar wirklich in der gleichen Weise: Es handelt sich um ein vom Herrn formalisiertes Wissen, wie ich es bereits beschrieben und es laut Lacan vom genuinen Wissen, dem primären Genuss-Wissen, unterschieden habe.

Was passiert auf der anderen Seite, der des Anderen, wie er im Diskurs der Universität vom Studenten repräsentiert wird, dem Genießens-Objekt **a** des Universitätslehrers. Der KI-Konsument ist exakt in der gleichen Position wie der Student, auch die Hersteller von ChatGPT genießen es, dass ihre Konsumenten ihr LLM-Programm nutzen und schreiben und reden, was das Zeug hält. Doch wie der Student nicht selbstständig an der Universität agieren kann, wie er generell ewig im Schülerstatus verweilt und er weiter und weiter lernen und lernen muss, kann der KI-Konsument niemals selbst LLM-Programme erstellen und andere damit manipulieren. Er bleibt Konsument. Ich erkläre es aus persönlicher Perspektive.

In der *Analytischen Psychokatharsis* ist klar, was unter dem leeren Geist und dem leeren Spiegel zu verstehen ist, nämlich dass man sich von allen anströmend den Gedanken nach innen zurückzieht, den Geist sozusagen leer macht, damit er für höhere Zwecke verwendbar wird als leerer Geist und leerer Spiegel zugleich, auch weil er für Letzteres in Formel- und *Pass-Worten* eine Eingrenzung erfährt, die – wie bei der KI – notwendig ist. Aber diese Notwendigkeit wird durch die perfekte linguistische Neutralität der *Formel-Worte* (nichts wird vordergründig gesagt) und der gleichen Neutralität der *Pass-Worte* (sie kommen ausschließlich aus einem selbst) viel fairer, wahrer, wissenschaftlich neutraler, nicht ausbeutend und irgendwie beeinflussend, eingebracht.

Dazu noch Folgendes aus meinem persönlichen Bereich. Ich habe als Arzt in freier Praxis viel nach alternativen Methoden gearbeitet, dennoch bin ich mein Leben lang zumindest weitgehend der offiziellen, standardisierten Medizin unterstellt geblieben. Ein zu großes Abweichen von der Norm hätte als Kunstfehler bewertet werden und mich in große Schwierigkeiten bringen können. Ich habe mich aus diesem Grund der Psychoanalyse zugewandt, die mehr Freiheit, Offenheit und Ehrlichkeit versprach. Ich erzähle dies nur, weil der KI-Konsument, selbst wenn er eigener Unternehmer und eigener Schöpfer eines großen LLM-Programms wird, weiterhin dieser speziellen algorithmischen Technik unterworfen bleiben wird. Es ist nicht zu erwarten, dass er plötzlich aus allem aussteigt und einen völlig anderen Diskurs eröffnet.

Wie man als approbierter und promovierter Mediziner (oder irgendeinen anderen Beruf Ausübender) der allgemeinen Lehrmeinung nicht weit genug auskommen kann, um von dorther einen neuen Diskurs zu gestalten, so ist es inzwischen auch bereits den Psychoanalytikern wieder ergangen. Nur Lacan ist ihnen ausgebüxt, aber das Rennen ist weiter gegangen und geht noch weiter. Sie und die KI-Entwickler werden neue, großspurige Behauptungen aufstellen, was für wertvolle und wichtige Dinge sie tun, aber sie wissen nicht, in welchem Diskurs sie stecken. Der Mensch ist – neben der Tatsache, dass er aus ein paar Proteinen zusammengebaut ist – aus Worten gemacht, aus Signifikanten, die vorwiegend unbewusst sind. Er ist aus seinem Diskurs gemacht und nicht aus seinem Denken.

Sexualität ist kein Diskurs, sondern ein Phantasma. Heute schießen queere Psycho-Sexualitäten wie Pilze aus dem Boden, die es zwar schon Jahrtausende gab, aber von denen man lang nichts so Richtiges gehört hat. Freilich ist es ein Gewinn, dass sie heute Existenzberechtigung haben und toleriert sind, auch wenn es nicht immer ganz klar ist, was sie bedeuten: genderqueer, transgender, genderfluid, bigender, abinär, etc. Wenn Lacan noch leben würde, würde er das alles für paranoisch erklären, wahnhaft, projektiv. Aber wie gesagt, ist das Unbewusste ebenfalls projektiv, topologisch verdreht, mathematisch ‚Minus Null‘, also nicht zählbar, auch wenn *Es* zählt.

Ich verstehe die Queerness als das Verbleiben in der ‚Minus Null‘, denn so gut dieser Ausgangspunkt ist, man muss weiter kommen. Vom herkömmlich Psychoanalytischen her liegt es nahe, beispielsweise das ‚non binär‘ Geschlechtliche, also nicht Frau, nicht Mann zu sein, als das zu bezeichnen, was es in der Kindheit war und so in gewisser Weise geblieben ist. Freud hätte es dem Narzisstischen zugeordnet, das galt bei ihm schon für die Homosexualität, das ins eigene Geschlecht verliebt sein, aber narzisstisch sind die Heterosexuellen auch, nur eben aus anderen Gründen. Nach den Lacanschen Diskursen würde die Queerness dem Diskurs der Hysterika zuzuordnen sein, der seinen Dominanzpunkt im inflationären Subjekt-Sein hat, das heißt, mit einem Bein noch im originären, autochthonen Genießens-Wissen fußt, aber dann Zuflucht findet im Projektiven.

Natürlich verstehen sich all die Vereine und Gremien, die queere Identitäten verwalten, nicht wie universitäre Einrichtungen, die ihr Wissen in die Welt hinaus projizieren. Aber die Diskursformen ähneln sich, es werden Aktionstage abgehalten, es gibt Literatur, genderqueere Organisationen und Einrichtungen, die erklären, was wie zu verstehen ist, woher es kommt, etc. Eben, es wird alles wieder formalisiert, man stellt sich gegenseitig als Objekt **a** zur Verfügung, man genießt sich in den Außenseiterpositionen und gewinnt dadurch an Festigkeit, an S_1. So werden sie sich normieren, also in ihrer Weise normal werden, aber ist dies wirklich die erotische Art die Wahrheit zu finden?

Dies wird auch den stillschweigenden Anderen, den banalen, restriktiven Alltagsmuffeln, die mehr und mehr als die Spießbürger sichtbar werden, nicht gelingen. Sie bleiben die, die sie immer schon waren, denn vom Narzissten haben sie eben alle auch etwas an sich, und so kann man s i e jetzt als die **$** verstehen, als die nicht so genau bestimmten und eher inflationären Subjekte. Es dreht sich alles ein bisschen um, und wenn es sich weit genug herum gedreht haben wird, wird man wieder da sein, wo die Einsen sich stets nur wiederholen und man sich nicht der ‚Minus Null‘ bewusst sein wird. Deswegen empfehle ich die *Analytische Psychokatharsis* zu üben, weil sie nichts im Voraus bestimmt, sie verschönert sogar das Sterben.

9. Anhang zum Verständnis der *Analytischen Psychokatharsis*

Die also von mir empfohlene ‚Selbstpraxis‘, Selbsttherapie der *Analytischen Psychokatharsis* ist durch eine Verbindung von Psychoanalyse als analytischem und Meditation als kathartischem Teil zustande gekommen. In der Psychoanalyse sind die Grundkräfte (Triebe) psychisch nicht direkt (als ‚Primärvorgang‘) repräsentiert, sondern nur durch sogenannte, innerliche ‚Vorstellungsrepräsentanzen‘ zu erfassen, unbewusste Zustände, die Lacan – Freuds Auffassungen verbessernd – als Repräsentanzen des *Schau-* (bildhafter Wahrnehmungs-) und *Sprech-* (worthafter Entäußerungs-) Triebs bezeichnet hat. Ich habe die beiden auch als Spiegel- und Echo-Diskurs bezeichnet. Nun gehen diese an ihre spiegelnden und widerhallenden Vorstellungsrepräsentanzen gebundenen Triebe (man kann sie so auch durchaus Diskurse nennen) verschiedene Kombinationen miteinander ein oder bilden Teiltriebe, deren Auswirkungen vom Psychoanalytiker anhand der ‚freien Assoziationen‘, die die Patienten von sich geben, interpretiert werden können.

In der Meditation geht man jedoch umgekehrt vom ‚Primärvorgang‘ dieser Grundkräfte bzw. deren Repräsentanzen direkt aus, wo nicht von vornherein eine Fixierung auf das Bild- und Worthafte gegeben ist,

sondern darauf gewartet wird,
bis sich die Phänomene beider
Triebe unmittelbar und von
selbst zeigen. Spiegel- und
Echodiskurs melden sich sozusagen autonom. In einem völlig
abgedunkelten Raum wird man

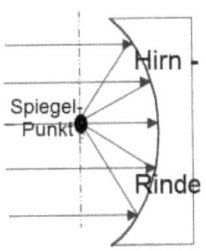

(evtl. mit zusätzlich geschlossenen Augen) sehr bald
ein Schimmern, Helligkeitserscheinungen (Licht-
punkte) oder ein wie leicht ‚durchrieseltes' Körperbild
wahrnehmen, das von dem visuellen Schnittpunkt,
Spiegelungspunkt, ‚Strahlt-Punkt' all der sich in der
Konkavität des Gehirns treffen Sinnesbahnen ausgeht.
Die Abbildung rechts oben zeigt die der Schädelbasis
aufsitzende Halbkugel als reflektierende Nervenzell-
schicht, die vom Körper oder auch von Erinnerungen
herkommenden unbewussten Sinnes- oder Nerven-
ströme im Spiegelpunkt bündelt. Lacan sprach hinsichtlich dieses ‚Primärvorgangs' des Schautriebs von
einem ‚ultrasubjektiven Ausstrahlen', das ich weiter
vereinfacht ein ‚Es *Strahlt*' nenne (Spiegel-, Strahlt-
Punkt). Es hat einen fast halluzinatorischen Charakter,
erfüllt aber eine wichtige Funktion.

Dieses ‚Es *Strahlt*' des Schautriebs steht nämlich dem
gleichwertigen ‚Primärvorgang' des Sprechtriebs gegenüber. Genauso wie im völlig dunklen Raum etwas
Luzides, eine Helligkeit erscheint, so kann man in

einem völlig schallgeschützten und auch schallschluckenden Raum schon nach kurzer Zeit einen Laut oder
Ton oder Ähnliches vernehmen, wie es auch der erwähnte Wissenschaftsredakteur S. Schramm von Expe-
rimenten eines Akustik-Technikers als ‚Klang des
Nichts' schilderte.[65] Die im Körper wie Echos zurückgebliebenen Sprech-, und Entäußerungsvorgänge werden also laut, was ich verkürzt als ein Es Verlautet, ‚Es
Spricht' bezeichnet habe. Manche Psychoanalytiker
benennen es auch als psychisches (innerlich gespei-
chertes) Klang-Objekt.[66] Andere wie die Psychoanalytikerin D. Birksted-Breen sprechen von derartigen seelischen Echovorgängen, indem zwischen dem Reverie-
Geplapper der Mutter und den ‚widerhallenden' Antworten des Kindes eine erste gemeinsame Identität,
eine erotische Verschworenheit als ‚Widerhalleffekt'
entsteht. Damit ist noch keine perfekte Sprache erreicht, aber doch eine beginnende symbolische Ordnung. Auf diese Weise sind das ‚Es *Strahlt*' und das ‚Es
Spricht' – so sonderlich sich das vorerst anhören man –
zwei wichtige Funktionen, bei denen es nun entscheidend darauf ankommt, wie sie kombiniert (Freud
sprach von legiert) sind.

Erste Übung. Das Verfahren der *Analytischen
Psychokatharsis* ist wie betont von seiner praktischen

---

[65] Schramm, S., Der Klang des Nichts, SZ vom 7. 11. 2016, S. R7
[66] Maiello, S., Das Klang-Objekt, PSYCHE Nr. 2 (1999) S. 137-157

Seite her sehr einfach. Man sitzt in bequemer Haltung (anfänglich mit geschlossenen Augen) und wiederholt in der ersten Übung rein gedanklich, langsam hintereinander vier bis fünf *Formel-Worte*, langsam und monoton hintereinander,[67] während man gleichzeitig darauf achtet, ob im Inneren vor einem etwas auftaucht, das den Charakter eines ‚Strahlt-Punktes', eines Es *Strahlt* (des Erscheinungs-Wirkenden) hat. Es kann sich auch nur um eine Körperbildwahrnehmung, ein Schimmern, eine ‚Luzidität' oder dunklen Fleck handeln, denn es kommt ja nur darauf an, dass man irgendeine Orientierung im Raum hat. Lacan spricht diesbezüglich auch von einer ursprünglichsten ‚Lumineszenz'. Dabei bezieht er sich ganz klar auf etwas Gegebenes, etwas, was dem sogenannten Primärprozess des Triebs, des Erscheinungs-Wirkenden zugehörig ist.

Es genügt aber auch, dass man sich der Entspannung und der befreienden Wirkung der sich erhebenden Katharsis bewusst ist (meist erst nach einer Zeit des Übens). In einer zweiten Übung, die ich später beschreibe, ergibt sich durch Konzentration auf ein nach innen Hören eine Antwort (*Pass-Wort*) auf diese erste Übung und das Zusammenwirken beider. Das

---

[67] Weitere *Formel-Worte* sind in anderen Veröffentlichungen oder auch auf der hinten angegebenen Webseite zu finden. Vorerst genügen die hier im Text und Anhang erwähnten. Mehr als fünf sollte man in nicht verwenden.

Erscheinungs-Wirkende, das *Es Strahlt,* ist also nicht etwas, das man selbst imaginieren, erzeugen oder gar erzwingen muss. *Es* ist in jedem Menschen als Primärform eines im Hintergrund wirkenden Kräftegeschehens vorhanden und muss so nur geweckt oder erwartet werden. Es hat keinen Sinn sich auf die Stirne zu konzentrieren, es muss der freie Raum bleiben, der vor einem ist.

Genauso kann aber auch das ‚Durchrieseln' zu spüren sein oder die Empfindung auftauchen, wie das eigene Körperbild sich verschiebt, sich weitet oder es einfach nur als schwarze Farbe, Fleck vor den geschlossenen Augen festzustellen ist.[68] Denn schwarz ist schon eine Wahrnehmung, die sich von der Dunkelheit im Kopf ganz gering abheben kann. Egal was auch immer ‚gesehen' oder erfahren wird, es wird den Charakter von einem auch nur ganz geringen *Es Strahlt, Scheint,* haben, und das genügt für die erste Übung, die man für eine Zeit von einer halben Stunde ansetzen kann.

---

[68] Ich erwähne nochmals, dass die Erfahrung des ‚Durchrieselns' etwas mit atavistischen Gefühlsreaktionen zu tun hat, also z. B. ein den Rücken herunterrieselnden Schauer bei einer ergreifenden Musik oder den tief gehenden Emotionen der Frühmenschen, die noch viel mit ihrer unbedeckten Haut gefühlt, ertastet und umweltbezogen kommuniziert haben. In der *Analytischen Psychokatharsis* wird diese Erfahrung jedoch als Bestätigung einer Erkenntnis genutzt, z. B. bei den *Pass-Worten.*

Man muss nicht einen Kurs besuchen, um diese Erfahrung zu machen, die ja authentisch als Aspekt des Wahrnehmungs- oder Schautriebs in jedem Menschen vorhanden ist, das ich auch bereits – Lacan folgend – als ein „sich schauen machen" bezeichnet habe. Während also anfänglich durch die Achtung auf das *Strahlt*-Phänomen bereits eine Entspannung eingetreten ist, wird diese durch die gleichzeitig gedanklich wiederholten *Formel-Worte* vertieft. Es ist verständlich, dass durch das monotone, rein geistige Wiederholen dieser Formulierungen das *Strahlt*-Phänomen weiter begünstigt wird, was wiederum die Wiederholungsarbeit fördert. Beides, innerliches Wahrnehmen und rein mentales Wiederholen der *Formel-Worte* schaukeln sich so zur intensiven Katharsis auf.

Hier erweist sich die Praxis als Beleg für die im Text gemachte theoretische Feststellung, dass Sprachliches, das nichts direkt sagt, eine viel stärkere meditative Wirkung hat, als das gedankliche Wiederholen von Begriffen, Gebeten oder eindeutigen Aussagen, an denen man bewusst hängen bleibt und nicht die Tiefe oder Höhe des Unbewussten erreicht. Luther soll vor seinem Tod unruhig und nervös mit Gebeten gerungen haben, doch mit einem *Formel-Wort* – hätte er gewusst, was das ist und wie es funktioniert – wäre dies nicht notwendig und nicht so unschön gewesen. Denn wer spricht denn diese irrationalen, jenseitigen, zerhackten Formulierungen, man selbst oder bereits der Tod, noch das Ich oder der *Andere*? Ein E N S C I S N O M oder I S N O M E N S, egal von wo aus man es liest, sagt nichts von dem, was es weiß, aber es hat trotzdem Sprach-Gewebe, nicht Syntax, sondern noch davor liegendes Signifikantes, Algorithmisches, Ästhetisches.

Mit dem Schwung der Katharsis kommt (wie gesagt manchmal schon unmittelbar) der wichtige Effekt zustande, dass der B(r)uchstabenmix der *Formel-Worte* durch die ‚défilés du signifiant' (die Engführungen des Signifikanten) hindurchgetrieben wird und die *Pass-Worte* erzeugt werden[69] Die *Formel-Worte* sind also rein f o r m a l e Ausdrücke, die es in der üblichen Sprache so nicht gibt. So ist auch das hier nebenan abgebildete RA-DIC-IT kein normales *Formel-Wort* hinsichtlich aller Schnittstellen aus dem Lateinischen, aber es beinhaltet mehrere sich überschneidende Bedeutungen in einer Formulierung, es ist „linguistisch kristallin" aufgebaut (ein Ausdruck, den Lacan für die Struktur des Unbewussten verwendete).

---

[69] Oudee Dünkelsbühler, U., Zeugnis und Schrift: B(r)uchstaben an der Couch, Les Etats Généraux de la Psychanalyse (2001), worin der Autor die elementarsten Schnitt- und Bruchstellen im psychoanalytischen Prozess meint, wie sie sich im Traum, bei Versprechern aber auch bei den *Formel-Worten* als Bedeutung haben.

Dieses *Formel-Wort* entspricht nicht ganz genau dem wissenschaftlichen Aufbau, ich habe es jedoch gewählt, weil es das radiat und das dicit (*Strahlt* und *Spricht*) enthält. Es ist sonst nicht wichtig, dass Ausdrücke vorliegen, die etwas mit der Methode zu tun haben oder sonst einen gängigen Klang ausweisen. Wichtig ist ja nur, dass irgendwelche Bedeutungen vorhanden sind, die grammatisch und syntaktisch in Ordnung sind, und die diese Struktur von mehreren solcher Bedeutungen in einem einzigen Schriftzug enthalten. Dies ergibt sich, wenn sie im Kreis geschrieben und von verschiedenen Buchstaben aus gelesen werden. Aber die Bedeutungen, die das *Formel-Wort* enthält, ergeben zusammen keinen Sinn, und das ist, wie gesagt, gerade das Ausschlaggebende.

Denn so wird die Aufmerksamkeit des Übenden nicht von etwas bewusst Festgelegtem und Vorgefasstem besetzt, sondern lässt das Unbewusste zu Wort kommen, das mit seinen Buchstaben schon nach außen drängt. Diese Entäußerung will ja auch der Psychoanalytiker bei seinem Patienten fördern, indem er ihn zu spontanen Einfällen, zu ‚freien Assoziationen‘ auffordert. Doch es gibt da das Problem des Widerstandes. Unbewusst will der Patient häufig nicht, dass das Unbewusste so direkt zu Wort kommt und die inneren Wahrheiten enthüllt. Man muss den Patienten daher oft mühsam bei Laune halten, damit ihm doch manchmal etwas herausrutscht, was seine Symptome aufzuklären hilft.

Und etwas Ähnliches existiert auch in der *Analytischen Psychokatharsis*. Hier betrifft es die *Formel-Worte*, die nun ja tatsächlich oft etwas seltsam und sperrig klingen, und so auf innere, aber manchmal auch offen gesagte Widerstände treffen. So kam es bei den Vorträgen, die ich zur *Analytischen Psychokatharsis* hielt, einige Mal dazu, dass Bedenken, Missverständnisse, Falschanwendungen und andere Bemerkungen dazu vorgebracht wurden. Jemand sagte, dass er bei dem *Formel-Wort* ORS-ACE-RAM stets den Ausdruck Marmorsauce heraushöre, ein anderer erklärte, dass er sich keine drei solcher Worte merken könne, und viele stießen sich eben an den skurrilen Formulierungen. Nun kam man sicherlich noch geschmeidigere Formulierungen finden, doch wie schon angedeutet, wenn sie zu geschmeidig werden, bleibt man an der einen oder anderen Bedeutung hängen und lässt sich beim Meditieren nicht in die letztlich eben unsinnige Gesamtbedeutung fallen.

So kann man bei dem oben genannten RA-DIC-IT z. B. auch „adi cit r" (geh heran, es bewegt R), „C i tradi" (hundert I übergeben), „citra di" (diesseits die Götter), „dicit ra" (es sagt ra), „r adic it" (füge r hinzu, es geht), „radi cit" (gekratzt werden, es bewegt sich), „trad ici" (erzähle, ich habe getroffen) etc. herauslesen, wobei – nochmals gesagt – vieles recht unsinnig klingt. Dies hat jedoch für den formalen Ausdruck keinerlei Bedeutung. Ausschlaggebend ist hier nur, die wissenschaftliche

Begründung (mehrere Bedeutungen in einer Formulierung, Verwendung mehrerer Schnittstellen) klar darlegen zu können, und dies ist für das Verfahren sehr wichtig, weil man nur so volles Vertrauen in die Methode haben kann. Vertrauen in einen Therapeuten allein genügt nicht, es muss durch klares Wissen gestützt sein.

Nochmals also: es ist in bequemer Sitzhaltung und anfänglich bei geschlossenen oder halb geöffneten Augen ohne eigene Anstrengungen auf das *Strahlt* (,Scheint', ,Durchrieselt', ,Luzidität') zu achten, während gleichzeitig langsam, monoton und rein gedanklich ein oder mehrere *Formel-Worte* hintereinander in Abständen und immer wieder neu wiederholt werden. Dies ist die erste Übung, die auf tatsächlichen Vorgaben der Psychoanalyse beruht, weil durch das mentale Reverberieren eine Regression (ein innerlicher Rückzug zu früheren psychischen Strukturen) erzeugt wird, die sich gleichzeitig nur auf einen eingeengten Aspekt des Erscheinungs-Wirkenden, bzw. des Schautriebs konzentriert und durch die *Formel-Worte* stabil gehalten wird.

Die *Formel-Wort*-Wiederholung setzt sich nämlich an die Stelle dessen, was man in der Psychoanalyse den Wiederholungszwang, das unbewusste Wiederholen nennt. Dieses negative, unbewusste Wiederholen wird zumindest solange aufgehoben, wie die Übungen der *Analytischen Psychokatharsis* wirken. Ich habe schon im Haupttext angedeutet, dass dadurch eine wesentliche

Hürde der klassischen Psychoanalyse vereinfacht und vermindert wird, da der Wiederholungszwang ein tief verankerter seelischer Abwehrmechanismus ist. Durch den Wiederholungsvorgang beim Üben der *Formel-Worte* wird dieses Geschehen jedoch in einen konstruktiven, progressiven Vorgang umgewandelt. Gefühle eines sich stark weitenden Raumes, das Auftauchen von Erinnerungsbildern führen manchmal zu Ablenkungen, die einer weiteren Betrachtung nicht wert sind, sondern von denen nur deren Luzidität und Katharsis genossen werden kann, die sich in der Horizontalen ausbreitet.

Der Philosoph P. Sloterdijk sprach diesbezüglich von ‚Sphären',[70] die wieder an Lacans Topologien und ebenso dessen Sphäre erinnern, ein Begriff, mit dem er das Erscheinungs-Wirkende beschrieb.[71] Doch Sloterdijks Sphären kennen die Senkrechte nicht. Wenn es zu einer Katharsis kommt, zu einer Befreiungserfahrung und stärkeren Loslösung vom Körper, gerät man oft von selbst in die zweite Übung, in der man einen Ton, Klang, eine Silbe oder Kurzsatz von rechts oben im Kopf und oft wie von ferne her hörend wahrnimmt, was ich sogleich extra besprechen will. Kommt es nur zu einer simplen Entspannung, muss man – zum Beispiel nach zwanzig, dreißig Minuten – einfach so in die zweite – in

---

[70] Sloterdijk, P., Sphären I – III, Suhrkamp (1998 bis 2004)
[71] Lacan, J., Seminar IX, Lektion von 23. 5. 1962

der Beschreibung gleich folgende – Übung von sich aus wechseln und sich auf den inneren Ton konzentrieren.

Nach dem RA-DIC-IT[72] kann nun (weiterhin in der ersten Übung) auch ORS-ACE-RAM hinzugenommen werden, um dem Verfahren für einen ersten Versuch vier *Formel-Worte* zur Verfügung zu stellen (das erste ist samt seiner in ihm enthaltenen Bedeutungen auf Seite 126 dargestellt und beschrieben). In dem obigen *Formel-Wort* stecken folgende Bedeutungen: „C eram orsa" (hundertfach war ich Beginnen), „amo R sacer" (ich liebe das heilige R), „cera morsa" (das zerstückelte Wachs), „mors acer" (der Tod ist bitter), „amor sacer" (die Liebe ist heilig) usw.

Hier nun die versprochene Auflistung des im Text angegebenen Formel-Wortes ARE-VID-EOR:

A re videor   Ich werde vom Es wahrgenommen
Revide ora   Schau wieder hin, sprich!

---

[72] Es stecken mehrere sich überschneidende Bedeutungen in diesem Ausdruck, selbst wenn sie wie im Uhrzeigersinn geschrieben immer die gleiche Buchstabenfolge haben. so z. B: „adi cit r" (geh heran, es bewegt R) „C i tradi" (hundert I übergeben), „citra di" (diesseits die Götter), „dicit ra" (es sagt ra), „r adic it" (füge r hinzu, es geht), „radi cit" (gekratzt werden, es bewegt sich), „trad ici" (erzähle, ich habe getroffen) etc. Aber auch radiat (Strahlt) und dicit (Spricht) steckt darin.

Evide orar	Erkenne daraus: Ich werde gesprochen
Vide ora re	Schau, sprich, in Wahrheit!
Vi deorare	Mit Kraft voll sprechen
Video rare	Ich nehme ungewöhnlich wahr
Ideo rare V	Deswegen selten Fünf
De orare vi	Vom Sprechen mit Überzeugungskraft
Deo rare vi	Dem Gotte gelegentlich mit Kraft
Eo rare vid(E)	Dorthin schau selten!
Arevi deo R.	Ich bin verbrannt durch den Gott R
Orare vide	Das Beten (Sprechen) schau an!

Wie betont, kann man diese Bedeutungen gleich wieder vergessen. Wichtig ist nur zu verstehen, wie die *Formel-Worte* aufgebaut sind, so dass man wissenschaftlich-intellektuell das Verfahren jeder Zeit hinterfragen kann. Kommen irgendwelche Gefühle oder Ideen hoch, die unpassend sind oder Angst machen, kann man nachdenken oder sich weiter über das Verfahren belesen. Jeder Schritt ist nachvollziehbar und begründet dargestellt, so dass man genau weiß, was man bei der Ausübung der *Analytischen Psychokatharsis* tut, und warum man es tut. Blinder Glaube ist in nicht gefragt.[73]

Ich erinnere an die Erfahrungen mit der Hypnose, in der es ja ebenso wie in der ersten Übung zu kathartischen

---

[73] Damit sind in diesem Buch drei *Formel-Worte* vermittelt, die zum Üben genügen. Eine Verbesserung kann man mit zwei weiteren zusätzlichen *Formel-Worten* erreichen, die auf der Webseite analytic-psychocatharsis.com angegeben sind.

Empfindungen kam, die jedoch durch die Worte des Therapeuten gelenkt wurde und so auf einem gesicherten Niveau blieben. Ähnlich versuchen die meisten mythisch geformten Meditationsverfahren durch Anweisungen oder wie im Surat Shadb Yoga durch Sanskritworte, die einen an die andere Kultur binden, einen innerhalb eines Reglements zu halten. Doch in der *Analytischen Psychokatharsis* wird ein Ergebnis nicht schon vorher durch diese Manipulationen geleitet, denn der Nicht-Sinn der *Formel-Worte* verhindert jede Lenkung, nur das Unbewusste und kein Therapeut soll selbst die Führung übernehmen.

Wie im Text geschrieben sollte auf die **zweite Übung** übergegangen werden, wenn die Erfahrung des Es *Strahlt* und der Katharsis genügend ausgeprägt ist, es sei denn es ist schon – wie erwähnt – von selbst ein Übergang erfolgt. Gerade dieser spontane Übergang zeigt, dass es außer dem grundlegenden Dualismus des Erscheinungs- und Wort-Wirkenden nichts gibt, das Geltung hat, d. h. man kann in den Übungen nicht verloren gehen, da die *Formel-Worte* – solange man ihnen folgt – keinen anderen Ausweg zulassen. Mit dem zündenden kathartischen *Es Strahlt* gelingt im Unbewussten stets konkret der Wechsel (durch die ‚défilés du signifiant' hindurch) von der mehr bildhaften auf die mehr wortbezogene Seite. Meistens ist dies jedoch nicht so einfach, man muss die zweite Übung extra an die erste anhängen.

Während ich bei der ersten Übung von einem ‚Darauf achten' spreche, nämlich auf das vor einem Befindliche (Strahlt-Punkt, kathartisches Ereignis oder auch nur dunkler Fleck), kann man bei der zweiten Übung besser von einer Konzentration reden. Und zwar geht es um eine Konzentration auf das innere Hören, auf den ‚Ton', der als elementares Phänomen immer zu hören ist. Es handelt sich um das, was Lacan das „sich hören machen" nennt, denn es handelt sich ums Begehren auf der Stufe des Akustischen, des Schalls und schließlich eben auch des Sprachklangs.

Dort, auf ein von oben / rechts im Kopf herkommendes Verlauten, auf einen ‚Ton' aus dem tiefen Inneren, auf nunmehr genau dieses *Es Spricht*, diese Körper-Echos, wie sie Lacan auch nennt, konzentriert man sich ohne Anstrengung und Mühe. Allein schon der ‚Ton' errichtet einen Halt in der Vertikalen. Sloterdijk schrieb nur von der ‚Vertikalspannung', über die er sich fast etwas lustig machte, weil er nichts damit anzufangen wusste, weil sie ihm mythisch vorkam und er nur die Sozialhorizontale kennt.[74] Doch es gibt auch diese Vertikale der Signifikanten. Sie entspricht einer Lotung, Haltung, Festigung, in einer unverrückbaren Zeit, bei der es nicht um die Beziehung der Geschlechter auf der sozialen Ebene geht, sondern die mit der Geschlechterfolge zu tun hat, wie sie

---

[124] Sloterdijk, P., Du musst dein Leben ändern, Suhrkamp (2009)

von den Ur-Eltern bis zu den Ur-Enkeln und weiter zu sehen ist, und die in der Senkrechten verläuft.

Die Horizontale steht mehr für die übliche, fortschreitende Zeit, die mal langsamer (in der Langeweile) und mal schneller (in der Kurzweil) verlaufen kann. Auch Lacan beschreibt diese Zeitmetren. Das in der Horizontalen Verlaufende bezieht er (siehe Abbildung des Spiegel-Schemas nächste Seite) auf das Metrum, bei dem es auf die Spiegelungserfahrungen, auf das i(**a**), Bild (i) des Begehrens-Objekts (**a**) ankommt. Dagegen kommt das Metrum in der Vertikalen, das der Signifikanten, das des Es *Spricht*, wie ich es mit dem A oder Ⱥ des *Anderen* bereits erwähnt habe, mit der Senkrechten zum Zug. Deswegen kommen auch die *Pass-Worte* von oben, während die Katharsis, das atavistische Durchrieseln sich im Nacken-Rücken- oder auch im Ganzkörper-Bereich nach unten hin abspielt, was ich auch vom Seitlichen herkommend kenne.

Es sind schließlich Buchstaben (B(r)uchstaben), die aus diesem ‚typographischen‘ Raum herausklingen und die das Unbewusste dort gespeichert hält. Und genau in diesen Raum sind die *Formel-Worte* eingedrungen und haben diese Buchstaben geweckt und evoziert. Auch hier wieder gilt das Gleiche: es handelt sich um einen ganz originären Aspekt des Entäußerungs- bzw. Sprechtriebes, der in jedem Menschen als Primärprozess vorhanden ist und im Unbewussten außer dem ‚Ton‘ sogar die Form

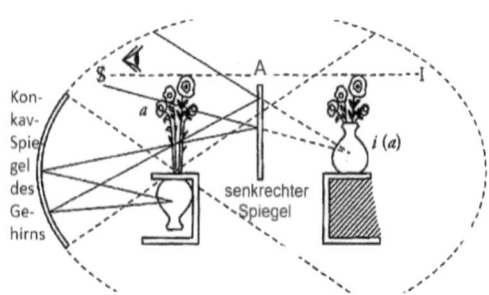

Lacans Spiegelschema

ganz knapper, kompakter „innerer Sätze" und „ultraredu-
zierter Phrasen" annimmt (alles Begriffe Lacans für
diese lautliche Erfahrung). Auch hier können anfänglich
nur ein feines Rauschen, ein ferner Laut oder Ähnliches
wahrgenommen werden.

Der Übende wird jedoch von Anfang an bemerken, dass
es sich hier um eine Konzentration auf ein mehr oben-
rechts oder oben-zentral im Kopf befindliches Hör-
Sprechsystem handelt, zu dem die ‚Echos des Körpers'
Beziehung haben, auf die hier zurückgegriffen wird, wie
Lacan es nennt.[75] Denn die Ohren können nicht ver-
schlossen werden, sie müssen Tag und Nacht alle Laute
und Geräusche aufnehmen und alles, was nicht verarbei-
tet wird, irgendwo ablegen. Manches ist – wie schon

---

[75] Auch wenn das eigentliche Hör-Sprechsystem im Kopf linksssei-
tig angelegt ist, ist eben rechtsseitig das mehr rudimentäre, mu-
sikalische, das prosodische und der Regression besser zugängli-
che Hör-Sprechsystem vorhanden.

erwähnt – nur Müll, aber manches (auch aus dem Müll, der ja auch seelisch Abgespaltenes und Verdrängtes enthält) drängt doch zur Abfuhr nach draußen. Darin ist der ‚Ton' genauso enthalten wie bei fortgeschrittener zweiter Übung auch dies oder jenes *Pass-Wort*, das auf andere Weise befreit, als die Katharsis.

Ich bin im Text vielfach darauf eingegangen, zu welchen mehr analytischen und damit auch weniger kathartischen Effekten diese zweite Übung führt. Es bleibt nicht beim einfachen Hören und Erfahren von inneren Lautphänomenen, sondern von Buchstabenfolgen bis hin zu kurzen Sätzen. Solche – von Lacan auch als „ultrareduzierte Phrasen" beschriebene Kurssätze nenne ich *Pass-Worte*, Identitätsworte, weil sie direkt aus dem Unbewussten kommend natürlich mit der Identität des Übenden zu tun haben. Identität in dem Sinne, dass nunmehr speziell Verdrängtes, psychisch Abgespaltenes zur Wirkung kommt, so wie es im Freud'schen Versprecher auch der Fall ist, wo sich ein verdrängtes Wort vordrängt und in ein bewusst ausgesprochenes Wort hineingezwängt hat, die typische Funktion des in der Psychoanalyse im Zentrum stehenden Begehrens.

Während man aber beim Versprecher und auch beim Traum versuchen muss, das verdrängte Wort durch Deutung herauszufinden, ist es im *Pass-Wort* gleich mit enthalten. Eine gewisse deutende Einordnung ins bewusste psychische Leben ist oft trotzdem nötig. Beispiele von

Pass-Worten habe ich im Text geschildert. Jeder muss hier selber ausprobieren, was er als *Pass-Wort* anerkennen kann. Manchmal ist es nämlich so, dass man erst fast im Nachhinein, in der Endphase der *Pass-Wort*-Erfahrung, des Phrase-Hörens, den Kurzsatz wahrnimmt. Manchmal scheint es ein sehr, sehr leiser Gedanke zu sein, der aber dennoch klar oder ziemlich klar ist. Ich muss mich hier so diffus ausdrücken, trotzdem besteht an dem Phänomen kein Zweifel und zwar sowohl von der psychoanalytischen Theorie her, wie auch von den zahlreichen Erfahrungen, die ich bisher sammeln konnte.

Dass das *Pass-Wort* meistens nur eine knappe Phrase, ein Kurzsatz ist, leuchtet ein, denn es taucht aus dem Unbewussten als ein primärer und nach außen drängender Affekt auf. *Es* will sich etwas melden, was deutlich verdrängt oder gar seelisch abgespalten ist, und in einem derartigen Drängen besteht nicht viel Zeit und Platz. Der sich auch als Psychoanalytiker bezeichnende indische Guru B. S. Goel – jedenfalls hatte er etliche Stunden einer Psychoanalyse absolviert – sprach ebenfalls davon, dass er bei den Meditationen, zu denen er anleitete, aus dem Unbewussten Sprachliches auftauchte.[76] Als Beispiel nannte er jedoch lange, oder gar mehrere Sätze, was freilich nur bedeuten kann, dass sie hauptsächlich vom bewussten Denken geleitet waren. So etwas stellen

---

[76] Goel, B. S. Meditation und Psychoanalyse, Ariston (1989)

natürlich keine *Pass-Worte* dar, das waren Goels eigene Phantasien.

Gleichzeitig betone ich erneut, dass beim Deuten der *Pass-Worte* – falls diese nicht von vornherein eindeutig sind – in beiden Richtungen geprüft werden sollte: hat es etwas mit dem Kausalen eines verdrängten Begehrens zu tun oder mit dem Finalen von etwas Kreativem? Oft gilt beides gleichermaßen, wie ich an den Beispielen im Text gezeigt habe. In der Psychoanalyse – und da hat Lacan in seiner Praxis auch nicht anders gehandelt – werden nur die kritischen, verdrängten und eher peinlichen Aspekte (Einfälle, Traumdeutungen, etc.) gewertet, die man im Verdacht hat, dass sie im unterdrückten Zustand die Krankheits-Symptome erzeugen. In der *Analytischen Psychokatharsis* kann es zwar auch darum gehen, aber meist sind auch kreative Aspekte dabei.

So vernahm ich einmal die Phrase „Sag deinen Mädchen-namen", was typisch für das Unbewusste war, das sich oft in Anspielungen oder in abstrahierten Zuschreibun-gen äußert. So sollte es wohl heißen, dass ich mich mehr meiner weiblichen Seite zuwenden wollte oder irgendet-was im Zusammenhang mit der Spannung der Ge-schlechter. Ursächliches und Kreatives in Einem. Ganz unverständliche *Pass-Worte* sollte man jedoch gleich verwerfen. Dafür kann man sicher sein, das ganze Spekt-rum des Unbewussten zu erfassen und nicht nur die Freu-dianische Seite kennen zu lernen. Stets kann man bei jemandem, der Erfahrung mit der Methode hat, bei mir oder einem entsprechenden Therapeuten nachfragen oder nachlesen, wie man mit den *Pass-Worten* am besten umgeht. Meistens kommt man selbst sehr schnell damit zurecht, man muss sich mit den Bedeutungen nicht stressen, allein dass es sie gibt, ist schon viel wert.

Nochmals also: Nach der ersten Übung, dem gedanklichen Wiederholen mehrerer *Formel-Worte* bei gleichzeitigem darauf achten, ob man ein *Strahlt*, eine Luzidität, ein ‚Durchrieseln‘, eine befreiende, kathartische Erfahrung, wahrnimmt, geht man – evtl. nach dreißig Minuten – zur zweiten Übung über. Hierbei konzentriert man sich auf den Laut, den Ton, das *Spricht* von oben oder rechts innen her. Bemerkt man, dass der *Strahlt*-Anteil beim Üben zu stark ausfällt, wechselt man zur *Spricht*-Übung und umgekehrt. Beide Übungen sind beliebig lange durchzuführen, wie gesagt, genügen meist zwei mal zwanzig Minuten. Der Wechsel von praktischer Erfahrung und theoretischem Denken ist wichtig, weil am Ende etwas Gemeinsames herauskommen wird: eine gedankliche Selbsterfahrung, eine praktische Logik, eine kathartische Analyse. Letztendlich finden beide Übungen zu einem inneren ‚Auftrag‘, einer Gewissheit, evtl. auch am Verfahren selbst weiter mitwirken zu können.

Nicht immer läuft alles glatt. Die erste Übung ist noch am einfachsten. Beim Wahrnehmen einer Luzidität trotz geschlossener Augen genügt schon allein die

Achtsamkeit bei gleichzeitigem Wiederholen der *Formel-Worte*, dass sich über kurz oder lang eine ausreichende Katharsis einstellt. Schwierig mag eher die zweite Übung werden oder auch das spontane Auftreten der Erfahrung des inneren ‚Tons‘, des inneren Hörens, das aus einem unbewussten Gedanken, einem *Pass-Wort* bestehen kann, wobei ich nochmals betonen muss, dass bereits das mentale Wiederholen der *Formel-Worte* ein unbewusstes Gespräch ist. Denn wer spricht in diesen Momenten, wenn nicht die Formulierung selbst, die automatisch aus der mangelnden Syntax heraus zu einer eben ganzheitlichen syntaktischen Formulierung führt, zum *Pass-Wort*.

Und so geht es um eine Wissenschaft v o m Subjekt, an der jeder teilnehmen kann. Schon Freud hatte sich dafür ausgesprochen, dass die Psychoanalyse auch von Laien erlernt und ausgeübt werden kann. Das Übergewicht von Akademikern, insbesondere von Ärzten, hat diese Anregungen des eigenen Gründervaters Freud nicht ernst genommen. Universitäre, scholastische Strebungen beherrschen daher von Anfang an die Psychoanalyse, die ja auch für die *Analytische Psychokatharsis* wichtig ist. Aber hier behindert nicht ein System von Klüngel Vereinen und hierarchisch gestaffelten Organisation den persönlichen Fortschritt. So wie Lacan, der seine eigene Organisation am Ende seines Lebens aufgelöst hat, damit nichts zu stark Institutionelles Vorrang vor freier

Mitarbeit gewinnt, habe ich bisher hinsichtlich der *Analytischen Psychokatharsis* keine Organisation und keinen Verein gegründet.

Ich hoffe, dass dies auch nicht nötig ist. Wer die *Analytische Psychokatharsis* ausgeübt und ihre Wirkung erfahren hat, weiß, mit was er es zu tun hat und wie er es notfalls auch anderen vermitteln kann. Die Grundlagen sind in zahlreichen Büchern von mir, in psychoanalytischer Literatur und auch in soliden, wenn auch nicht wissenschaftlich korrekten, so doch seriösen Texten über die Anwendung von meditativen Verfahren beschrieben. Davon unbeachtet bleibt natürlich der Kern der *Analytischen Psychokatharsis* weisungsbestimmend.

Dieser Kern besteht vor allem – wie im Haupttext mehrmals betont – in der Verbindung des Erscheinungs- und Wort-Wirkenden in den zwei grundlegenden Übungen, wobei diese Verbindung nur gelingt, wenn man verstanden und erfahren hat, dass durch die Katharsis der ersten Übung die Kraft, die Höhe, die Intensität geschaffen wird, die in der zweiten Übung dazu führt, dass das Unbewusste die entsprechenden *Pass-Worte* frei gibt. Etwas Derartiges existiert in der herkömmlichen Psychoanalyse und in allen Meditationsverfahren nicht. In der Psychoanalyse gelingt es deswegen nicht, weil die Psychoanalytiker eine Masse an gleichwertigen Ich-Idealen bilden, die die Patienten auch als ihr Ich-Ideal übernehmen, so dass man sich in gegenseitigen Übertragungen festsetzt, die ja eigentlich aufgelöst werden müssten.[77]

In den Meditationen findet ein ähnlicher Vorgang statt: der Lehrer, Guru, wird sofort durch einen Nachfolger ersetzt, so wie die Kirche es mit dem Papst handhabt. Die Übertragung, die mit der Unterstellung einhergeht, dass der Lehrer, Meister, Guru hypothetische Fähigkeiten besitzt, wird nicht aufgelöst. Alle diese Persönlichkeiten in Psychoanalyse und Meditation müssen sich aus der Beziehung herauslösen, sich mit ihrem Ich-Ideal endgültig aus dem Spiel bringen, wie vor allem auch der Betroffene Proband selbst – ganz analog dazu – die Übertragung auflösen muss. Doch innerhalb all dieser Communities, ja fast Geheimbünden, gelingt dies nicht zur Genüge, und in Religion, Meditation und ähnlichen Verfahren wird darauf überhaupt nicht geachtet.

Der Einzelne ist gefragt, nur er kann, freilich mit zur Verfügung gestellten, wissenschaftlich rein f o r m a l e n Grundlagen, die Übertragung bearbeiten (mittels der *Formel-Worte*) und eine Deutungs-Lösung (mittels der *Pass-Worte*) erreichen. Ich halte das für die derzeit beste Möglichkeit die Wissenschaft, vor allem die Wissenschaft v o m Subjekt weiter voran zu bringen, woran jeder selbst mitarbeiten kann. Will man das Verfahren anderen vermitteln, ist nicht unbedingt ein Ausbildungs-

---

verfahren notwendig. Wie gesagt führt dies nur zu unnö-
tigen Hierarchie-Bildungen. Sicher ist es gut und zweck-
mäßig, wenn man selbst zum Vermittler der Methode
werden will, sie also auch anderen beibringen will, wenigstens ein Jahr Erfahrung damit und etwa vierzig Stunden an psychoanalytischen Einzel- oder Gruppensitzun-
gen teilgenommen zu haben.

Lacan hat vermieden aus seiner Lehre eine Institution zu
machen. Seine Vorlesungen fungierten unter der Domäne einer école freudienne', einer Freud-Schule, ohne
weitere Regeln oder Richtlinien. Die Lehre ließ sich allein aus dem freien Vorgetragenen entnehmen, mehr gab
es nicht. Zurecht, denn aus etablierten Lehranstalten und
Instituten entwickeln sich die üblichen Epigonen-Ver-
eine, in denen nichts Neues mehr entwickelt, sondern nur
das Alte einfallslos doziert wird. Jedem Verein, jedem
Institutionalismus ist es so ergangen, dass eine zu sehr
etablierte Organisation den echten und betont kreativen
Fortschritt verhindert.

Aber nicht nur das Dozententum blüht, es wird auch sehr
viel Geld damit verdient. Allein die Ausbildung in der
herkömmlichen Psychoanalyse kostete mich in den siebziger Jahren dreissigtausend DM, also etwas mehr als
fünfzehntausend Euro. Darin waren die lehranalytischen
Stunden mit je fünfzig Euro enthalten. Heute bezahlt
man fast das Fünffache, und wenn man berechnet, dass
man vorher ein Medizin- oder Psychologie-Studium

absolviert haben muss, ist es kein Wunder, dass die psychoanalytische Therapie dann zwanzig- bis sechzigtausend Euro kostet. Die *Analytische Psychokatharsis* kostet nichts.

Literaturverzeichnis

Baggini, J., Ich denke, also will ich, dtv (2016)

Barkhaus, A., Mayer, M., Identität, Leiblichkeit, Normativität, Suhrkamp (1996)

Bauriedl, T., Beziehungsanalyse, Suhrkamp (1993)

Benthien, C., Wulf, Ch., Körperteile, Rowohlt (2001)

Bezzel, C., Wittgenstein, Junius (1996)

Breuer, R., Immer Ärger mit dem Urknall, Rowohlt (1993)

Brockman, J., Vogel, S., Wie funktioniert die Welt?, Fischer Taschenbuch (2013)

Byung-Chul Han, Die Austreibung des Anderen, Fischer Wissenschaft (201)

Byung-Chul Han, Die Errettung des Schönen, Fischer Wissenschaft (201)

Camus, A., Der Mythos des Sisyphos, Rowohlt (2018)

Carnap, R., Einführung in die Philosophie der Naturwissenschaft (1969)

Damasio, A. R., Descartes` Irrtum, Dtv (1997)

Dennet, D. C., Von den Bakterien zu Bacvh – und zurück, Suhrkamp (2018)

Davies, P., Gott und die moderne Physik, Bert. M. (1986)

Eccles, J. C., Gehirn und Seele, Piper (1987)

Eichmeier, J., Höfer, O., Endogene Bildmuster, U&S – Verlag (1974)

Ferrie, C., Quanten Bullshit, Kosmos (2024)

Fischer-Lichte, E., Performativität: Eine Einführung, transcript (2012)

Freud, S., Studienausgabe, Fischer (1989)

Goel, B. S. Meditation und Psychoanalyse, Ariston (1989)

Görz, G., Einführung in die Künstliche Intelligenz, Addison-Wesley (1996)

Harari, Y. N., Homo Deus, C. H. Beck (2017)

Heidegger, M., Unterwegs zur Sprache, G. Neske (1959)

Hilbrecht, H., Meditation und Gehirn, Schattauer (2010)

Hofstadter, D., Die Analogie, Klett-Cotta (2014)

Horgan, J., An den Grenzen des Wissens, Luchterhand (1997)

Jacobs, A., Schrott, R., Gehirn und Gedicht, Hanser (2011

Jakobson, R., Semiotik, Suhrkamp (1988)

Jakobson, R., On Language, Harvard University Press (1995)

Jung. C.G., Gesammelte Werke, Walter (1983)

Kant, I., Kritik der reinen Vernunft, Reclam (1966)

Kluge, F., Etymologisches Wörterbuch, W. de Gruyter (1989)

Lacan, J., Schriften I - III, Walter, (1975)

Lacan, J., Seminare I,I, VII, XI, XX, Quadriga (1980-1995)

Lacan, J., Seminaire Nr. III, Iv, VIII, XVII, Edition Seuil (1981-1994)

Lacan, J., Die Bildungen des Unbewussten, Turia & Kant (2006)

Lacan, J., Mitschriften der Seminare,VI,IX,X,XII,XV, B.R.L.F., Strasbourg

Laplanche, J., Pontalis, J. B., Das Vokabular Der Psychoanalyse, Suhrkamp (1989)

Linke, D., Kunst und Gehirn, Rowohlt (2001)

Maar, C., Pöppel, E., Christaller, T., Die Technik auf dem Weg zur Seele, Rowohlt (1996)

Merleau-Ponty, M., Das Sichtbare und das Unsichtbare, Fink Verlag (1994)

Pinker, S., Der Sprachinstinkt, Kindler (1996)

Plato, Sämtliche Werke, Insel Verlag (1991)

Popper, K. R., Eccles, J. C., Das Ich und sein Gehirn, Piper (1989)

Potthoff, P., Die Begegnung der Subjekte, Psychosozial-Verlag (2014)

Roazen, D., Der innere Sinn, Archäologie eines Gefühls, Fischer (2012)

Roheim, G., Die Panik der Götter, Kindler (1975)

Rosset, C., Das Reale in seiner Einzigartigkeit, Merve (2000)

Rüdinger, D., Perrez, M., Anthropologische Aspekte der Psychologie, O. Müller (1979)

Rudgley, R., Abenteuer Steinzeit, Kremaye & Scheriau (2001)

Schmidt-Hellerau, C., Lebenstrieb & Todestrieb, Libido & Lethe, Verlag Intern. Psychoanalyse (1995)

Searle, J. R., Geist, Hirn und Wissenschaft, Suhrkamp (1992)

Seidler, G. H., Der Blick des Anderen, Verlag Intern, Psychoanalyse (1995)

Sinz, R., Gehirn und Gedächtnis, Fischer Utb (1981)

Strowik, E., Sprechende Körper, Fink-Verlag (2009)

Thompson, R. F., Das Gehirn, Spectrum (1994)

Thorne, K. S., Gekrümmter Raum und Verbogene Zeit, Knaur (1996)

Tipler, F. J., Über die Omegapunkttheorie, Piper (1994)

Tonelli, G., Die Illusion der Materie, C. H. Beck Verlag (2024)

Uexküll, Th., Fuchs, M., Subjektive Anatomie, Schattauer (1994)

Weiss, Der Andere in der Übertragung, Frommann-Holzboog, (1988)

Weizsäcker, C. F. von, Die Einheit der Natur, Dtv (1995)

Weinberg, S., Der Traum von der Einheit des Universums, Bertelsmann (1993)

Weizenbaum, J., Die Macht der Computer, Stw (1977)

Wiener, O., Probleme der Künstlichen Intelligenz, Merve (1990)

Wilhelm, R., Informatik, C.H.Beck (1996)

Wilson, E. O., Der Wert der Vielfalt, Piper (199

Wolf, F. A., Die Physik der Träume, Byblos (1996)

Wygotski, L.S., Denken und 'Sprechen', Fischer (1981)

Webseite: www.analytic-psychocatharsis.com
Kontakt: g.vonhummel@web.de

Weitere Bücher des Autors im MSC-Verlag

Analytische Psychokatharsis

Psychoanalytische Theorie und kathartische Meditation können nicht einfach ineinander überführt werden. Setzt man beide Verfahren aber durch ein entscheidendes Element (einen „linguistischen Kristall") in Beziehung, lässt sich ein eigenes neues Verfahren begründen. Die Psychoanalyse und die meditativen Methoden werden diskutiert, und die Praxis des eigenen Verfahrens wird ausführlich beschrieben.

SIGNIFIKANT Gott?

Schon die unterschiedliche Groß- Kleinschreibung provoziert, dass der SIGNIFIKANT (Bezeichner, Bedeutender), ein Begriff aus der Linguistik, wichtiger sein könnte, als die altehrwürdige Vokabel Gott. Der Autor zeigt, dass Jesus ein Vorläufer der modernen Psychotherapie war und somit sein Vorgehen auch für die heutige Psychoanalyse genutzt werden kann.

Der leere Geist und die KI. Zwischen psychotherapeutischen Methoden und der künstlichen Intelligenz (KI) gibt es kaum Vergleichsmöglichkeiten. In der Psychoanalyse J. Lacans wird in der der rechnerische Intellekt der KI zwar gewürdigt, aber durch einen ‚der Liebe unterstellten Intellekt' ersetzt wird, in dem der Einzelne wieder zum Zug kommt. Ein neues Verfahren führt in die Wissenschaft zur Seele des Einzelnen zurück und gibt ihr durch die KI doch neue Impulse.

Yoga und Psychoanalyse

An Hand einer wissenschaftlichen Biographie des Religionswissenschaftlers und Yogalehrers Kirpal Singh (Surat Shabd Yoga) werden alle Yogaformen von der Seite der Psychoanalyse her betrachtet. Es ergibt sich die Notwendigkeit ein eigenes Verfahren zu begründen, das der Autor auch *Analytische Psychokatharsis* nennt. Zahlreiche Bilder und Schemata machen das Buch anschaulich.

Wissenschaftlich begründet meditieren. Die klassische Methode der Analyse des Unbewussten stellt eine zu theoretische Form der Psychotherapie dar. Um in der Praxis mehr Erfolg zu haben bedarf es eines direkteren selbstanalytischen Verfahrens, das jeder aus sich selbst heraus entwickeln kann. Formulierungen, die in einem einzigen Schriftzug mehrere Bedeutungen enthalten, können das Unbewusste jedes Einzelnen durch mentales Üben aufbrechen und zu sich selbst befreien.

,teetrunken' Ausgangspunkt des Buches stellt die Lehre des Psychoanalytikers O. Graf Wittgenstein dar, der davon ausging, dass der Mensch in sich drei Teile birgt, die er nur verschiedentlich zu einer Einheit bzw. einheitlichen Persönlichkeit verbinden kann. Die letztliche und ideale Einheit nennt er den 'Trialog'. Anhand der Schilderung mehrerer Bergbesteigungen durchstreift der Autor alle möglichen kulturellen und psychologischen Fragestellungen, um im Endeffekt den 'Trialog' durch das Wandern, Meditieren und intellektuelle Verarbeiten zu erreichen.

Liste anderer Werke des Autors im MCS-Verlag

Herz-Sprache, Eine Psychoanalyse des Herzens

Politik / Therapie, Begreifen, was man schon weiß - wie Politik therapeutisch zu denken wäre

Das autochthone Genießen, Essays zu einem neuen selbstanalytischen Verfahren

Zweimal den Tod überlisten, Ein Traktat zu Sisyphos, und wie man das Sterben heute meistert

Siddharthas Wiederkehr, Ein wissenschaftlicher Roman – eine Anregung zur Selbsttherapie

Nach Lacan, Über Physik, Psychoanalyse und die Metapher des Genießens – eine Selbstpraxis

interhot, Gespräche mit dem Unbewussten

Das Gerade und das Gekrümmte, Die Behandlung einer Psychose

Die Mathematik des Eros, Die ‚perfektoiden Räume' des Unbewussten – eine Selbstpraxis

Die körperlich kranke Seele, Eine Broschüre zu Theorie und Praxis der *Analytischen Psychokatharsis*

Psychoanalyse / Meditation, Vergleich und Anleitung

Jesus und die Frauen, Wege von damals und heute zur selbstanalytischen Praxis

Nachts im Notdienst fahren, ärztliche und psychologische Reflexionen

Verinnerlicht Euch! Anleitung zu einer Revolte des Selbst

MIX

Papier aus verantwortungsvollen Quellen

Paper from responsible sources

FSC® C105338

FSC

www.fsc.org